珍惜水藍星

——真心善待水資源

周力強◎著

#《珍惜水藍星》——眞心善待水資源

《序》

關懷台灣 守護人權

監察院秘書長 杜善良

我國的御史制度始於秦漢，幾千年來，「青天御史」在平民百姓的心目中，一直是正義的化身。它在傳統中國政治中，發揮了揚善除奸、整飭綱紀的砥柱力量。西方國家的監察使制度，則由瑞典在十八世紀初首創，是政府不良施政、貪污腐化的監督者，也是人民權益的守護者。

在中華民國肇建之始，憲政體制中參考傳統的御史諫官制度，設立監察院，負起彈劾、糾舉、糾正及審計等重要職責。監察權隨法令增修、政經環境變遷及全球化的腳步而與時俱進，以契合現代民主化監督政府職能的訴求，是維護法治、捍衛人權重要的機制。

過去御史諫官澄清吏治、為民平反的種種事蹟，一直在民間小說、口耳流傳的稗官野史以及戲曲中占著重要的分量，這也說明了一般平民百姓對正義的渴求，對青天御史的敬重。

今天的監察院，擔負著相同的職責。多年來，監察院的監察委員們，一直就是以戒慎嚴正的態度，執行憲法賦予的權力，而民國八十七年監察院組織法修訂完成，於監察院監察調查處設置調查官、調查專員及調查員，協助監察委員行使監察權。這讓監察院的調查功能更臻專業而完善，民眾的權益也獲得更多的保障。

監察院每年調查的案件約有六、七百件，案件內容或為陳訴人洗刷冤屈，或在還給當事人權益與清白，或屬通案性且社會所關注的重要議題。每個案件，除了有著複雜而艱辛的調查過程外，這些經由調查所揭開因不當行政而權益受損的平民百姓故事，往往也十分辛酸感人。

不過，受限於正式公文書的製作體例，審查通過的調查報告，大多是精簡扼要或平鋪直敘，除了調查委員、當事人清楚箇中原委，外人多無從得知，更無法體會其中的曲折。於是有監察委員建議：將可以對外公開的調查案件，透過作家生動的筆法，編寫成書，一方面得以留下民間見證，一方面也可讓社會大眾瞭解監察院如何行使職權，監察院與一般民眾之間有何關係，讓民眾因為瞭解進而更加支持監察院。這個監察院史無前例的建議案，獲得了一致的贊成。

要把這些調查、陳情案件的來龍去脈，寫成不落官方窠臼的出版物，殊屬不易。為了吸引更多讀者閱讀，因此決定以報導文學的方式撰寫，以真實的內容和生動的手法，來表達真相。但在經費有限與合作對象難尋之下，無法將全部案例一次出版完畢，於是逐年分冊陸續出版，以供各界參考。

監察院守護台灣•守護人權系列叢書的出版，是監察院與民眾溝通的重要橋樑。我們期望這套叢書成為本院關懷台灣、保障人權典範的系列叢書。一方面，我們希望讓社會各界瞭解：監察院全體同仁，是如何秉持嚴正態度，戮力於人權的保障；另一方面，也希望藉由這些生動故事，讓社會所有人都能從中學習到一些寶貴的經驗，不再犯同樣的錯誤，喚起社會各界更積極地捍衛正義與人權，讓我國的人權保障更臻完善，並為歷史留下完整珍貴的紀錄。

保護水資源　提高全民福祉

由於全球環境變遷，氣候異常，全球各地呈現降雨不均之現象。台灣地區於民國八十五年七月三十一日遭到賀伯颱風帶來七百二十公厘雨量，造成平鎮淨水場原水濁度高達一萬二千度，導致桃園地區自同年七月三十一日至同年八月八日停水長達九日。時至民國九十一年間，則發生嚴重乾旱，導致農田休耕、採取限水措施，水資源供應之不穩定性不僅影響民眾日常生活，亦影響高科技廠商之生產。

監察院關心民生疾苦，特於九十一年四月十六日組成專案小組，針對「水庫開發問題與對策」、「河川水開發問題與對策」、「地下水開發問題與對策」、「海水淡化問題與對策」、「循環用水問題與對策」、「農、工、商、生活用水水量分配問題與對策」、「水源跨縣、市調度問題與對策」、「推廣節水問題與對策」、「自來水管線漏水問題與對策」、「水價調整問題與對策」、「水土保持問題與對策」、「水庫淤積問題與對策」、「水庫優養問題與對策」、「河川污染問題與對策」等十四項議題深入調查，完成「水資源之開發、調配及管理問題專案調查報告」，函請行政院針對所列缺失督導所屬改善，以確保國家擁有「量足質優」之水資源。

由於該報告為官方文書，所用文字多涉及水資源專業名詞及法律條文，一般民眾不易知其專業意義，為使該報告廣為民眾周知，共同配合政府保護水資源，並督促有關機關持續改善，本院乃委請中國時報資深記者周力強先生，以其平易近人、賞心悅目的文筆，將該報告以文學報導方式改寫成簡淺易懂之「珍惜水藍星——真心善待水資源」一書，提供各界參閱。

期盼本書之出版，能引起社會各界持續關注水資源問題，使歷年存在之水資源問題得以加速解決，不但可提供優質水源充裕國家經濟發展，並能提高全民福祉。

調查委員　林將財　黃武次　黃勤鎮　謝慶輝

來自二〇七〇年的一封信

周力行

在二〇〇五年油價高漲的年代，我收到一封電子郵件「來自二〇七〇年的一封信」，內容是介紹一檔綠能基金。主要是推薦投資人重視「自然力」，引起我的注意，內心深處不由得打了一個問號：在財富追求、經濟成長與環境保護之間，是否有一個平衡點？

「到底缺乏水資源的未來，會是一個什麼樣的世界？」郵件中的描述，讓我在日後喝下每一口水的剎那，都會想像起一個驚悚的畫面：身旁的人總是繃著乾枯蠟黃、布滿皺紋的臉，在龜裂的土地上踟躕。

「在二〇七〇年的地球上，人類生活與現在有巨大的差異，因為嚴重缺乏可利用的水資源，二十歲的年輕人，看起來像四十歲；連人類飲用都感匱乏的水，再也不可能拿去灌溉或發展工業；經濟成長已經停頓，水成為大家夢寐以求的珍稀資源；任何河流經過的綠色區域，都有武裝士兵鎮守，爭奪水源的戰爭一觸即發……。」

如今看來再平常不過的事，在缺乏水資源的未來都會改變；在清涼的山林小溪間嬉戲、用水管噴水洗車，儼然是古早的神話。未來，如果我的小孩問我：「爸爸，為什麼沒有水呢？」屆時我可能眼眶發酸，卻流不出一滴眼淚，如果地球再這樣無止境地消耗資源、破壞生態下去，的確可能發生以上的情境。

台灣四面環海，雨量充沛，實在沒理由缺水，但是從二〇〇〇年以降，「缺水」已成為島內無可避免的夢魘。尤其到了夏天，有科學工業園區的縣市，民眾都難以迴避無水可用的窘境。在採訪的過程中，有太多人告訴我：「我們為何要成為次等公民？」

十多年來，台灣的自然環境面臨了前所未有的考驗，從賀伯颱風、九二一震災，到艾利颱風、敏督利颱風及七二水災，一再重創著台灣。旱澇頻仍，降雨頻破紀錄，年復一年，土石流成為常態，家園破碎、山林崩塌，河川潰堤等水患問題奪去不少人命，更造成很大的天然災害損失。

做為一名新聞工作者，很高興監察院重視這個關乎台灣國土永續生存的大問題，並且費時一年餘完成「水資源開發、調配與管理」的調查報告；也衷心感謝監察院給我這個機會，得以接觸寫之成書。我向來都只知道「缺水」是個牽涉龐雜的議題，卻不知道如何去面對這個危機，在監察院的調查報告當中，內容面面俱到，正因為如此，我才能在撰寫的過程中，從點到面地了解台灣現在所面對的困境。

節水的觀念，是需要從小養成習慣。監察院的水資源調查報告，除了希望幫助人民解決問題，替國家預見未來的水資源危機，以促使行政機關未雨綢繆，提早訂出方案解決問題之外，最重要是讓一般民眾能夠了解——從現在開始不要再浪費水。如果因為水價太便宜，大家就浪費，或者像一些惡性工廠排放廢水，造成汙染……這些「自私」行為，都很有可能讓台灣未來變成一個「缺水之島」。

謝謝這大半年裡包容我的人：校長、閻哥、魏冠中……，沒有你們的寬厚，我無法如期完稿，還有「中國時報資料庫」提供我寫作上許多資料不足之處，在此感恩。

照片集錦

車

多年後，我們只能在動物園和舊有的圖片尋訪北極熊的身影
因為人類長久濫用地球的資源
導致全球暖化
將造成北極熊的滅絕
而全球暖化也是造成水資源危機的開始

（中央社提供）

台灣雖然四面環海，每年暑假也會有颱風過境；但乾旱不雨的情景仍舊普遍存在中南部的農地裡。

（周力強提供，陳明仁攝）

台灣水荒問題嚴重，關係北部地區「水脈」的翡翠水庫，在2003年夏天水位一度急遽下降，圖片顯示的壩體水位標示已下降約三十五公尺，約十幾層樓高，而背景原先是水下的邊坡，則是枯黃一片。

2002年春、夏之交，台灣面臨近幾年來最嚴重的乾旱危機，連水庫都已經見底。

(周力強提供，黃子明攝)

2004年的艾利颱風來襲台灣之後，大量的泥沙流入石門水庫，造成桃園地區大停水。（中央社提供）

(《臺北自來水99周年專刊》提供)

2004年桃園地區大停水，臺北自來水事業處緊急支援桃園地區居民民生用水。

（周力強提供，鄭任南攝）

2001年納莉颱風侵台，北縣汐止在創紀錄的雨量當中，再度成為水鄉澤國。

(周力強提供，鄭任南攝)

2001年納莉颱風肆虐大台北地區，水患嚴重的汐止街上，民眾忙著處理災後的家園。

（周力強提供，鄭履中攝）

2001年納莉颱風大豪雨造成台北市忠孝東路數十年未見的大水患，來來往往的人們涉水走過安全島。

(周力強提供，鄭履中攝)

2001年納莉颱風來襲，穿過台北市平常繁華的街道真像過「河」。

(周力強提供，洪慶淋攝)

2001年納莉颱風來襲，基隆河汐止保長坑一帶河道全佈滿大型貨櫃，導致河道阻塞。

(周力強提供，黃國峰攝)

2004年艾利颱風來襲，台中縣松鶴部落二座橋樑完全中斷宛若孤島，松鶴一溪土石流再次淹沒七鄰多棟房屋。

（周力強提供）

松鶴派出所遭暴漲大甲溪水沖擊，呈現傾斜狀態，一樓淹沒，旁邊五鄰34户房屋、台八線道路全數沖走。

(周力強提供，陳信翰攝)

2004年艾利颱風帶來的豪雨及大潮影響，北縣三重市區發生嚴重淹水，市區道路成為一片水鄉澤國，接近傍晚居住在淹水區域的民眾紛紛涉水外出。

（周力強提供，鄧博仁攝）

2004年艾利颱風來襲，台北捷運局施工新莊線捷運時，在三重市同安抽水站有一破堤工程加上石門水庫洩洪，導致大漢溪溪水暴漲。溪水越過堤防，台北縣三重市南區嚴重淹水，陷入一片汪洋。

（商業周刊提供，楊文財攝）

中橫公路曾經是橫貫台灣的經濟動脈，然而由於過度開發與多次颱風的重創，現今重建之路還很遙遠。如何在經濟效益與水土保持中間取得平衡點，有待深入的研究。

（中央社提供）

聖帕颱風於2004年8月侵台，南投縣信義鄉台二十一線新中橫公路豐丘明隧道南側的山澗出現土石流，土石很快填滿橋孔，覆蓋橋面，致使交通中斷。

（周力強提供，黃國峰攝）

（《臺北自來水99周年專刊》提供）

▲臺北自來水處於納莉風災後，調派抽水車至捷運後山埤站進行搶救。

▶2004年艾利颱風來襲，大甲溪水暴漲，東勢鎮河濱公園溪畔堆滿由上游漂下為數可觀的漂流木。

（商業周刊提供）

攔砂壩是「治療」土石流的暫時辦法，卻只能治標無法治本。唯有勸導民眾改變觀念，停止不當開發並且做好水土保持方能杜絕土石流。

水庫具有調節水源的作用。

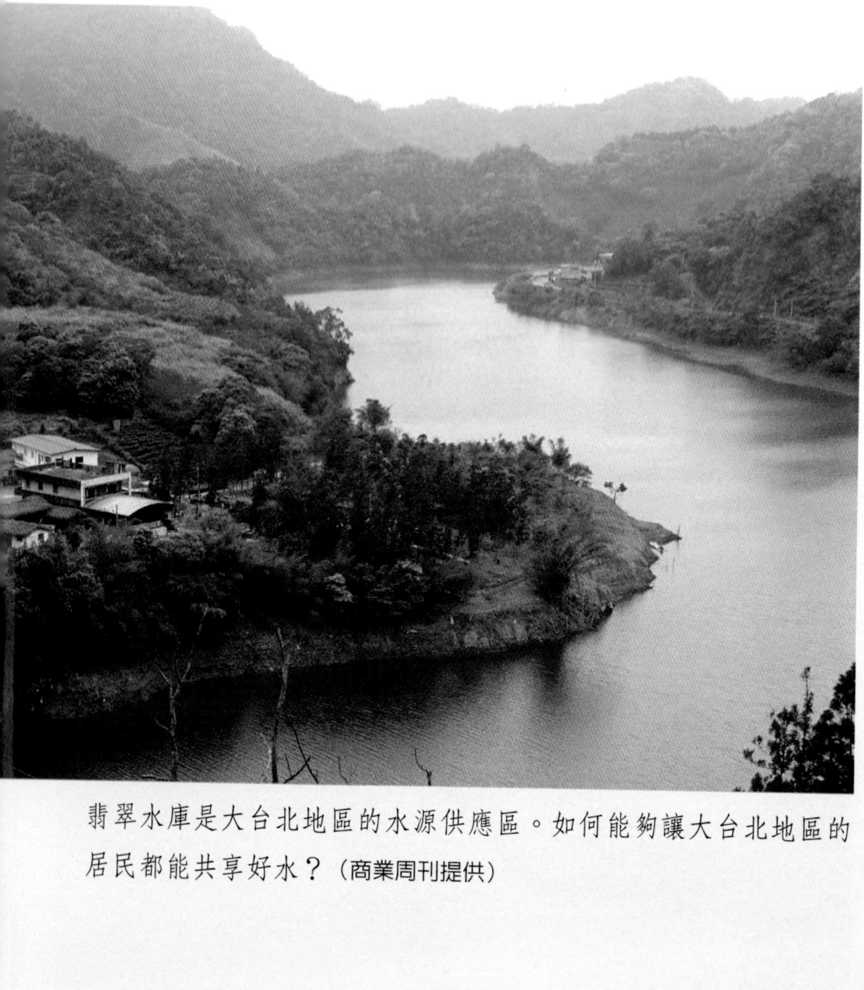

翡翠水庫是大台北地區的水源供應區。如何能夠讓大台北地區的居民都能共享好水？（商業周刊提供）

北勢溪源頭。(《臺北自來水99周年專刊》提供)

直潭淨水場。(《臺北自來水99周年專刊》提供)

直潭淨水場淤泥處理設備。(《臺北自來水99周年專刊》提供)

(《臺北自來水99周年專刊》提供)

節約省水的觀念需要從小就開始培養，政府透過多項活動來宣導民眾。

(中央社提供)

龍井鄉關連工業區廢棄污水處理池辦理水蓑衣復育有成，形成生態濕地，蛙鳴鳥叫，景色優美，台中縣自然生態保育協會建議將來工業區擴廠計畫能將濕地納入，農業局將反映給相關單位。

樹木可以涵養水源，因此人們應當多加保育山林，才能讓家園不再受到災害。

流水源源不絕的情景希望能夠永續保存，人們也能學習與大然和平相處。

作者採訪監察院調查委員及協查人員。（由左至右依序為林將財委員、黃武次委員、協查人員鄭旭浩先生）

第1章

暖化現象 全球焦點

楔子

毛茸茸的白色北極熊，向來是動物界的大明星。牠們完全依賴著海面上的浮冰層生存：在夏季時許多北極熊被困在陸地上，等著海面上的浮冰層變得夠厚實時，牠們才能到較遠的地方尋找獵物。但是當海面的冰層消失得更快、出現得更晚時，熊群將面臨更長時間的飢餓。

如果這段缺少浮冰層的時期拉長的話，對需要儲存足夠脂肪，度過懷孕時期的母熊來說，是非常嚴重的問題。其實這樣的情形已經出現在牠們棲息地的南部地區。覓食季節時間的縮減已經對北極熊的繁衍有著嚴重的影響。

在過去的二十年來，北極冰帽所覆蓋的範圍已經退後了五％，崩落漂流的冰山也失去了至少三十％的厚度。平均來說，北極熊的狩獵季節，因此減少了至少兩個星期。

在缺乏海上浮冰層的這段時期，北極熊只好在有人居住的地區，尋找貯藏食物的箱子或倉庫，而常被接近北極圈的居民視爲麻煩。因此幾乎每個雪季來臨時，人們都必須將北極熊抓起來施打鎮靜劑，空運到更北的地方，讓熊群能夠繼續地狩獵覓食。

台灣水資源的分布，事實上也深深受到全球暖化的影響，最明顯的就是河川流量有逐漸減少的趨勢。行政院曾經在一九九四年成立「全球環境變遷政策指導小組」，來專責處理氣候變遷等議題；三年後（一九九七年）將該小組擴編爲「行政院國家永續發展委員會」，設有「海洋與水土資源管理工作分組」，處理海洋與水土資源永續發展問題。因此，監察院的專案調查報告特別建議行政院，應該持續進行全球氣候變遷與水資源影響研究，以確實掌控台灣地區水資源的變化。

第1節 再見了，北極熊

網路上有則小故事，看得見北極熊生長在這個時代的悲哀。

史密特是業餘的生態攝影家，他曾經花了六十三天獨自到達南極，獵取企鵝的棲息生活，也曾經橫斷格陵蘭島，探索北極熊數量減少的秘密。從一九九一年起，他每年有一半的時間，都耗費精神在極地與科學家們進行研究，對於北極冰原構造、海洋潮流及地球暖化問題的研究上，史密特都有非常重要的貢獻。

這一天，史密特的鏡頭追上了一個北極熊家庭，活潑的哥哥站起來好奇的四處張望，妹妹則專心的舔著胖嘟嘟的前腳。一歲半的牠們，還要跟著媽媽一年，填飽肚子的事，有媽媽打理，卻渾然不知，暖化的世界已經威脅到牠們的生命。

冰層融化，獵食困難

隔年當史密特再回來，連北極中心的冰層都融化了。北極熊家庭已經分道揚鑣，大塊頭的哥哥看起來過得很好，牠學會了媽媽的本事，已經成為北極圈頂尖的獵人，北極熊妹妹的體型跟哥哥差多了，史密特跟拍一個星期後，發現情況更慘：羸弱的她，不是被別的北極熊驅趕，就是狩獵失敗，最不幸的是，北極熊妹妹與媽媽走失了。

因為飢餓，迫使她冒著消耗熱量的危險，下水游向遠方的小島，忙了一場，只找到一些人類留下的垃圾，飢餓的她淪落到吃海草充飢，如果浮冰沒有融化，她根本不必下水。現在，她疲憊又削瘦，身上的脂肪已經難以禦寒，為了覓食，她每天要搜尋長達三十多公里的海岸線，而且，一定要再多撐一個月，冰層才會出現，但令人難過的是，一個月的時間對她來說，恐怕太長了。

北極熊妹妹不得已隻身返回原路，尋找媽媽的蹤跡。幾天幾夜的風雪中，她獨自從森林裡找到熊群，見到其他母熊誤認為是自己的媽媽，結果一趨近，就馬上被母熊趕走。

大雪一直飄，白茫茫的大地裡，北極熊妹妹沒吃沒喝，無依無靠，還得戰戰兢兢地提防著公熊前來偷襲。

過了生死交關的一晚，北極熊妹妹的前途凶多吉少。奇蹟的是，第二天太陽升起時，母熊媽媽出現在妹妹的眼前，親切地拍打著她。見到母熊尋到北極熊妹妹這段畫面，史密特哭了，溫熱的淚珠滑落在冷冽的北極土地上。

這個北極熊「母女情深」的感人故事，意涵著一個令人驚心動魄的訊息。北極熊爸媽一起守護小熊的景象，已經越來越難見到。現在多半已是母熊帶小熊。史密特說，受到地球暖化的影響，北極熊冬天能吃的東西愈來愈少，當公熊沒東西吃時，就會獵食未成年的小熊，母熊帶小熊愈帶愈辛苦，根據生態學家的統計，有超過一半以上的小北極熊，熬不過八個月大。

活下去是一種奢望

「一個沒有冰的北極，北極熊自荒原絕跡，大群馴鹿因飢餓而死亡。並且因為冰雪世界開始融化，將提高全球海平面上升的毀滅程度……。」

這種情節嚴重的災難片，一向是好萊塢熱中的題材，你有沒有想過，非常有可能在未來五十年之中「惡夢成真」？

幾億年來，北極熊的生活都是如此：夏季拚命地捕食，儲存足夠的能量，冬季則將身體的活動力降到停滯的狀態，以應付至少三個月不進食的時期，母熊甚至還有高達四成脂肪量的奶水給嗷嗷待哺的小熊吃。

然而，這一切都正在改變。二〇〇六年，英國《泰晤士報》報導，年初的短短一個月內，阿拉斯加外海首次出現四隻北極熊溺斃的屍體，報導指出原因就是溫室效應，導致浮冰不斷融化，二〇〇四年阿拉斯加北部的冰帽更是創下紀錄，整整倒退了二五七公里。

根據北極研究中心的科學家在二〇〇六年十二月發表的最新報告，地球暖化的現象日益嚴重，根據衛星空拍圖，這一年夏季的冰層比起去年整整少了一個阿拉斯加這麼大的面積，而且每年迅速消融中，預計在二〇四〇年之前，整個北極的夏季將不再結冰。

在加拿大的北極地區，棲息著約一萬五千隻北極熊，約占世界北極熊總數的三分之二。北極熊的主要食物是生活在沿海冰層下的海豹。北極熊覓食的方式是沿著浮冰走到冰層上海豹的呼吸孔旁邊守候，海豹一露頭呼吸新鮮空氣，北極熊就猛撲過去，將之捕殺。但是，因為全球氣候變暖，冰層就會變薄，無法承載北極熊沉重碩大的身軀。同時，全球暖化還會縮短北極熊的捕獵期。這將迫使北極熊不得不到離海岸更遠的地方去覓食，尋找能夠承受牠們體重的冰層。

因此，環保團體發出警告，如果全球暖化現象持續惡化，世界上現存兩萬兩千隻北極熊，非常有可能會在四、五十年之後絕種。誰殺了北極熊?你、我和全人類就是兇手。

第2節 二〇〇二年的乾旱危機

二〇〇二年春、夏之交，除了桃、竹地區爆發農民搶水春耕外，台灣也面臨五、六年來最嚴重的乾旱危機。

台中縣海線地區的上千公頃農田，在烈陽下顯得格外慵懶。受到久旱未雨影響，大甲溪、大安溪乾涸見底，第一期春耕因為受到缺水影響，造成農田遲遲無法進行灌溉犁田插秧，農民見秧苗已超過播種高度，就算心急如焚，也只得束手無策。

世代務農的蔡文華，每天看著大甲溪、大安溪的「窘境」，簡直欲哭無淚。他說：「這兩年一到了這個時候，就會這樣，要不是阿爸要我守著祖厝，我根本就不想留在這裡。我們做田的，雖然要靠老天吃飯，但是現在好像老天都不幫我們了。」雖然有調節水量支援春耕，但是因為水源是從上游放水而下，即遭到層層的攔截，如果下游要順利春耕，至少須再等半個月以上。

清水、梧棲、大安等鄉鎮下游的農民，在輪流灌溉無望下，被迫展開自救。自行獨資或集資僱工進行鑿井，每鑿一口井要花費三、四萬元，對靠只種植水稻為生的農民，其實根本不符合投資效益，但是這些農民都跟蔡文華一樣，謹記老祖宗的教誨，要他們「守著土地、守著根」，這些農民仍忍痛鑿井抽水灌溉，以利春耕播種。

「農民搶水」風波愈演愈烈，在平面媒體的重要性，也從地方新聞升高成為全國新聞，經濟部在無籌碼（水）可用之下，不得已用調撥方式救急，但是終非長久之計……。

用水汙染，社區混亂

台灣面臨枯水期，受影響的不僅是農民的春耕與科學工業園區的龐大產能，最重要的是民生用水受到空前的壓力，由於翡翠水庫幾乎見底，大台北地區不得已在五月實施分區限水。第一階段，從台北市萬華區展開。

二〇〇二年五月二十三日一早，台北市立和平醫院就忙翻了，因為通報傳來的消息指出，中華路上，靠近南機場公寓的忠恕社區，有多達兩百多名的民眾，因為不明原因發生上吐下瀉的病狀，於是院方緊急派出醫護人員至社區駐診，一一為居民問診。

忠恕社區是個五角形狀的大社區，共有五百六十多戶住戶，居民常會聚在社區一樓聊天，當許多腹瀉不適的病例傳出後，社區先是騷動不安，後來大批媒體記者和官員湧入，眾人你一言、我一語，讓原本平靜的社區陷入一片混亂！

抱著才八個月大么兒的陳太太說：「我們這個社區上星期才限水過，重新恢復供水後，我打開水龍頭一看，流出來的水真是恐怖，簡直臭到不像話，水色還帶黃。」當時她認為家裡有水質過濾器，而且喝的水都經煮沸才用，應該不至於有問題。「沒想到昨天兒子開始又吐又拉，接著我老公也有拉肚子的情形。」陳太太帶著孩子到附近診所就醫，原以為是流行的輪狀病毒在作祟。沒想到和鄰居一交談，才知道別人家也有類似的情況。

一位阿嬤背著昏昏欲睡的孫子跟陳太太說：「你還好呢！」「我孫子已連續三天都拉肚子，而且每天都拉三次以上，拉到體力都沒了。」阿嬤跟左右鄰居討論之後，懷疑是水有問題，後來泡奶根本不敢再用家裡的水，都是買礦泉水應急。

公務員退休的鄭老先生操著一口漂亮的京片子說：「我和太太二人住在社區二樓，小孩子住在社區另一邊，結果兩家人都被感染，連住在北投的女兒回來吃一頓晚餐，回家後也瀉肚子。」鄭老先生表示，最初大家以為是自己吃了不乾淨食物，「後來我們對面有一位開診所的醫師住戶，自己將水拿去化驗，告訴大家水有問題。」這才知道最近大家都吃壞肚子，原來是因為自來水受到汙染。

這一起因為限水措施所產生的水汙染事件，事後經過有關單位調查後證實，因為該處居民在停水期間未關閉抽水馬達，馬達硬抽沒有水的水管，造成「虹吸效應」，致使汙水從水管裂縫中滲入。

台灣的水到底夠不夠用?在缺水的時節，不僅輿論關心，長期以來關心民瘼的監察院也很重視。

在擔任監委之前是台灣省建設廳長的林將財委員，長期關心「缺水」議題。從二〇〇〇年以來，台灣每年都無可避免會碰到這個困擾民生的頭痛問題，所以決定以本身所長，與黃煌雄委員、黃武次委員、黃勤鎮委員、謝慶輝委員著手為台灣地區的水資源，做一份完整且全面的調查報告。

「我們希望從整個國家的水資源面來看問題，而非從單一個案來看，單一個案只能解決局部問題，如果我們從整個國家水資源面來檢討，包括開源、節水、管理，還有跨區域的調配，可以讓這份調查報告，更具有解決問題的參考價值。」林將財委員說。

林委員非常自豪這本費時一年才完成的水資源調查報告，「調查報告的內容非常嚴謹，而且該考慮到的層面都涵蓋進來，任何水資源專家提到的問題，這份報告裡面都有，包括輿論關心的自來水漏水率、水庫汙泥淤積，還有地下水被汙染問題……。」林委員一邊翻著調查報告，一邊告訴我說：「我們最終的希望是提出問題之後，行政主管機關能夠有些對策，這樣對人民才有幫助。」

架構議題，十四要項

監察委員們是如何訂出調查報告的架構？

「林將財委員以前是省建設廳長，建設廳轄下有管水利處，也管自來水公司，所以對水資源問題他是很深入專精的，」調查專員鄭旭浩從旁告訴我：「所以他先把水資源問題分為十四個要項，然後將這十四個議題結合過去發生的案例，以及現在要改進的方向，加上未來可能做得更好的，包括學者專家的研究、先進國家採用的方法……，都可以給我們參考，這些基本資料有了，架構有了，我們就把每個議題的專家請來做諮詢。專家又分為學界的、對理論上有深入研究的、產業界的，比方說竹科，他們是工業區用水的單位；再來就是一般民眾，或是與水資源有關的團體。他們有很多都是很好的意見，監察院都儘量納進這份報告裡面。」

黃武次委員說：「不過，任何意見都要考慮到國家的財源，法令制度與可行性，最後監察院根據這些可行的意見寫成報告，因為我們廣納百川，所以監察院這份報告是非常具有前瞻性的，並不是像學術報告。」「總之，監察院是希望能夠幫人民解決問題，替國家預見未來的危機是什麼，行政機關應該未雨綢繆，提早訂出方案來解決問題。」

黃委員指出：「這十四個議題，每個議題都有一個調查意見，主管機關會著手去改善，有的已經改善好了，有些是改善中的，有些是要經常去做的，不是說今天做完就沒有了，比如說，每年都要去清水庫的淤泥，這是經常要做的；已經在做的，例如水資源的保育費徵收，水利署修改自來水法之後，在自來水法裡面加一條可以按照水費加收水源保育費，水源保育費就可以讓水源區裡面受到限制的居民，輔導其就業，或發展經濟，這就是已經在做的。」

林將財委員攤開調查報告說：「經濟部有選幾個地方試辦，例如高屏大湖（原吉洋人工湖），還有麥寮人工湖，這些都是做到一半，所謂做到一半是還要做環評的，因為環保團體有不同看法，他們認為這樣會不會讓比較淺的地下水，因為開挖之後讓水滲出來，反而失去蓄水的功用。」「不過我是這樣認為，要選地方蓋建平地水庫，當然要先做地質調查，如果地質調查的結果是地下水位不是那麼淺，挖了以後不會讓地下水滲出來，那個地方才能做嘛，當然不能亂挖，總不能一挖水就冒出來，結果還沒蓄水反而把水浪費掉。」

黃勤鎮委員曾經在調查本案的專家諮詢會議中指出：「目前台灣超抽地下水的情況很嚴重，尤其是沿海地帶已經造成地層下陷。我們曾經提到自來水公司要打深水井遭到地方政府的反對，但是民眾打地下水井，卻好像管制非常鬆懈，他們要打井就打、要抽水就抽，也沒有一個量的管制！雖然法令上規定除了小型的地下水井以外，都要經過申請，也有量的管制，但是目前這方面的管制好像執行相當的差！」

針對水資源跨部會整合的問題，黃煌雄委員曾經在諮詢會議中，向當時的水利署長黃金山提出疑問：「水的問題牽涉到幾個部會，有些問題是單一部會無法解決的，現在牽涉到兩個問題，黃署長你是從水資源局跟水利處合併起來成立一個水利署的署長，合併調整以後的水利署，比起以前水資源局或是你當水利處處長那個階段，在協調統籌運作上有沒有比以前更有效、更方便？」黃署長則回答：「以一個水利署的署長來說，我想絕對沒有能力處理這個問題！也不敢來處理這個問題，所以就往上推，一推上去就拖時間了，一拖時間問題就會惡化、就會暴露出來。」

是不是興建水庫就能一舉解決台灣的水問題呢？

鄭旭浩專員表示並不盡然，他補充曾經發表過的論文指出：「比方說建人工湖，這方面環保團體當然會有一些意見，但是我個人意見是認為，兩害相權取其輕，台灣目前能做安全水庫的場址已經不多了，因為找到這個地方可以蓋水庫，還要考慮到耐震的問題，但是這種地方不好找。所以本來水是集中在一個大水庫，如果我們把大水庫變成零散的平地水庫也未嘗不可，這是類似一種水銀行的觀念。」他接著說，「最好是一個鄉鎮有一個自己的平地水庫，當大水庫在限水、排洪，濁度很高的時候，每個平地水庫就能供應這個鄉鎮至少三天的用水量，當三大過後，大水庫的濁度降低了，再改用大水庫的用水，等到大水庫的水滿了，就把多餘的水引導到小水庫（平地水庫）去，這是一個比較分散風險的觀念。」

第3節　台灣水資源分配不均

台灣的缺水危機到底有多嚴重？

中央氣象局統計，台灣地區從一九九八年到二〇〇五年，年平均氣溫連續八年高於全球氣候平均值，也是台灣氣象史上，年平均氣溫偏暖持續最久的紀錄！台灣位處於亞熱帶屬於海島型氣候，全球暖化對台灣可能造成的影響，莫過於「水患」及「缺水」兩大問題。

根據一九九九年聯合國環境規畫署（United Nations Environment Programme，UNEP）的報告指出，來自五十個國家的科學家已經證實，未來二十年地球最令人擔憂的兩大問題是：淡水不足與全球暖化。

這份報告發表八年過去了，試問這兩大問題獲得解決了嗎？答案顯然是否定的。儘管其間有過二〇〇五年二月十六日生效的「京都議定書」，來制約全球各大工業國家釋放溫室氣體的排放量，減緩地球進一步的暖化，但事實上這份協議做了太多的妥協，尤其美國與澳洲並未在這份協議上簽署，所以實際上的效應並不顯著。

至於淡水不足的問題就更嚴重了。

水雖然覆蓋地球表面百分之七十的面積，但是無法飲用的海水就佔了其中百分之九十七，剩下百分之三的淡水，又有百分之二封存在極地冰帽之中。換言之，人類可資利用維生的淡水，實際上不到全球水資源的百分之一。

一九八八年，全世界有兩千五百萬人因為「水危機」而被迫逃離家園，這已經高於當時戰爭所產生的難民人數；二〇〇五年有二十九國總計四億五千萬人面臨「水不足」的困境；到了二〇五〇年，將有五十四國的四十億人口面臨淡水匱乏的問題，即全球九十四億人口中將有四十%以上的人口沒有足夠的淡水。

二〇〇七年聯合國糧農組織的報告指出，現今有超過十億人口居住在落後地區，他們為了生存，不得不喝下遭到汙染的髒水，造成每天約三千九百名兒童喪生，累計死亡人數，一年更多達三百四十萬人。

降雨減少，水荒惡化

國際間的情勢如此，台灣島內的危機恐怕更甚於此。

全球氣候變遷，這一百年來全世界的地面氣溫平均上升攝氏〇・六度，除了溫室暖化及海平面上升外，另外也造成地區性降雨型態的變更。以中央氣象局基隆氣象站近百年的降雨資料統計分析後顯示，基隆站九十八年內降雨日數減少了十四・六天，而降雨量增加一一八五毫米；降雨量增加而降雨日數減少，表示降雨之強度增加且集中，使得河川逕流入海之流量增加，增加下游河道防洪負擔；在有限之水庫容量情況下，其調蓄功能將降低；降雨集中增加地表沖蝕量，進而增加水庫淤積量而減少水庫有效容積。

「全球暖化對台灣氣候的衝擊，主要表現在氣溫和降雨。」台大「全球氣候變遷中心」主任柳中明說。他攤開研究報告：台北市夏天最高溫攝氏三十五度左右，一年約有二十五天；如果全球暖化持續，到二〇二〇年，會增加到一年約四十天是三十五度高溫。「如果大家拚命開冷氣，只會更快升溫；至於南部的高溫日子也是只增不減。」他很憂心地告訴我。

「高溫的日子看起來勢難避免，台灣的水資源會受到嚴重衝擊嗎？」我很好奇高溫對台灣水資源的影響。

「當然，高溫的日子增加，一般都能理解的自然生態一定受到影響，最嚴重的應該是雨水部分，不管是降雨時間或水量都會減少。」柳中明拿出一本《當代》期刊給我看，是中研院地球科學研究所研究員汪中和，對台灣百年來水資源的變遷與使用限制的研究。研究指出，一九四〇至二〇〇五年，台灣年降雨量出現「北增南減」；北部地區平均增加幅度達到四百毫米，但中南部地區減少近三百毫米，東部地區也逐年減少，高低差一百毫米。

柳中明認為，全球暖化後，台灣氣候受太平洋高壓系統影響，下層氣流強，夏季氣溫偏高。但因全球暖化，高壓中心位置向中國大陸東南海域移動，包括台灣、南海、菲律賓等地都受影響，未來台灣東部降雨可能更充沛，午後雷陣雨帶來的雨水比現在多，但台灣西岸會相對的更乾燥。

「未來台灣可能會更倚賴颱風帶來的雨水，只是在全球氣候變遷下，颱風路徑會不會改變？誰也說不準。屆時台灣南部缺水能不能有颱風雨及時紓解，任誰也沒把握。」柳中明兩手一攤地告訴我。

柳中明接著說，依科學家現在估算，缺水衝擊最大的是中南部。「水利署雖然有初步的想法，希望設法維持到二〇二〇年用水量維持平穩，不再增加，以求水資源不再更短絀。但目前規畫中的台塑大煉鋼廠、國光石化等傳統產業如果還是設在南部，屆時可能進一步壓縮農業和民生用水，以支應龐大的工業用水。」他呼籲政府規畫產業時，應謹慎思考水資源問題。

缺水危機，迫在眉睫

森林就像是一塊巨大的海綿，能吸收涵養大量的水分與二氧化碳，所以破壞森林，等於破壞貯存二氧化碳的機制，加速全球溫室效應的惡化。來自聯合國「政府間氣候變化專門委員會」（IPCC）的報告顯示，現在每年產生的二氧化碳約七十億噸，其中十六億噸來自森林的砍伐特別是雨林的砍伐。但森林生態系每年吸收約十三億噸的二氧化碳（海洋約二十億噸）。所以森林，特別是雨林的砍伐或保護，對調節全球的二氧化碳濃度影響實為巨大。

值得憂心的是目前台灣的中低海拔的森林幾乎已被砍伐破壞殆盡，山坡及水源集水區也因濫墾濫伐而喪失涵養水源的功能。常見的一種情況是發生豪大雨時，大量的泥沙土壤流入水庫及下游地區，水庫除因淤積而減少壽命外，並造成蓄水量大減，中下游地區也因河床淤積而排水量大減。所以台灣的水庫經常是迅速滿載而需要洩洪、溪床滿溢造成水災，但是沒下雨時卻又異常乾涸，這就是為什麼今天台灣只要下大雨就淹水，沒下雨就缺水的一個主因。

台灣本屬缺水地區，水源幾乎全靠颱風、梅雨及東北季風，現在因為人類排放的大量溫室氣體而造成全球氣候的變化，將來台灣氣候變異及不穩定情況將愈來愈頻繁。水源調度、休耕是解決問題的治標方法，我們若再不做好環境保護、還林於山及節約用水等治本手段，台灣缺水的情況只會更形嚴重惡化而已。

第4節 全球暖化擴大

淡水不足與溫室效應，其實是息息相關的。

所謂「溫室效應」是指地球大氣層上的一種物理特性。假若沒有大氣層，地球表面的平均溫度不會是現在合宜的攝氏十五度，而是十分低的負十八度。這溫度上的差別是由於溫室氣體所引致，這些氣體吸收紅外線輻射而影響到地球整體的能量平衡。在現況中，地面和大氣層在整體上吸收太陽輻射後能平衡於釋放紅外線輻射到太空外。但受到溫室氣體的影響，大氣層吸收紅外線輻射的分量多過它釋放出到太空外，這使地球表面溫度上升，此過程可稱為「天然的溫室效應」。但由於人類活動釋放出大量的溫室氣體，結果讓更多紅外線輻射被折返到地面上，加強了「溫室效應」的作用。

暖化擴大，水源枯竭

「全球暖化」已經成為全人類面臨的危機之一，科學家警告，汙染與能源消耗以及氣候變遷將使得地球極地冰層在本世紀末前融解，著名的喜馬拉雅山脈的許多冰川更是以驚人速度迅速融化，生態系統更可能在二〇五〇年就崩潰。

另外，位處於南美洲的亞馬遜雨林，是全世界面積最大的雨林，提供了全球將近兩成的氧氣，是調節氣候的大功臣。不過聯合國研究報告指出，亞馬遜雨林正以每年七千七百平方英里的面積消失，相當於一個新澤西州的大小，讓全球暖化危機雪上加霜。

暖化所引起的全球氣候異常問題，從幾個事實可以明顯看出來：二〇〇六年的冬天，美國受到暴風雪肆虐，一向溫暖的加州海灘，罕見的飄下大雪；在俄國卻是碰到超級大暖冬，往年這個時候，莫斯科的氣溫應該是攝氏零下十幾度，但是這一年，攝氏八度的氣溫讓克里姆林宮不但看不到雪，連莫斯科河也不結冰，樹葉還提早發了芽；而歐陸從英國、荷蘭到法國、德國北部這一大片地區，接連遭到時速一三〇公里的狂風侵襲，造成至少數十人喪生，不但到處屋毀樹斷、行人寸步難行，海陸空交通更是亂成一團。氣候異常混亂，動物也受不了，許多北極熊因為不夠冷，根本無法冬眠。

「全球暖化」對人類生活的潛在影響非常大，對經濟來說，全球有超過一半人口居住在沿海一百公里的範圍以內，其中大部分住在海港附近的城市區域。所以，海平面的顯著上升對沿岸低窪地區及海島會造成嚴重的經濟損害，例如：加速沿岸沙灘被海水的沖蝕、地下淡水被上升的海水推向更遠的內陸地方。

與人類生活最休戚相關的，便是對於水循環的影響。全球降雨量可能會增加，但是，地區性降雨量的改變則仍未知。某些地區可能有更多雨量，但有些地區的雨量卻會減少，土地沙漠化的旱情加重。此外，溫度的提高會增加水分的蒸發，這對水資源的運用帶來壓力。目前許多國家現在大量依靠地下水，但是地下水並不是取之不盡，用之不竭的。例如印度新德里可能在十五年內，就用完能利用的所有地下水資源。

根據聯合國「政府間氣候變化專門委員會」（ＩＰＣＣ）的報告指出，如果人類無法遏阻或延緩全球暖化現象，將導致三〇％動植物物種面臨滅絕危機、氣候型態劇烈轉變、水旱災風險大幅上升、水資源日趨枯竭、饑荒與傳染病大行其道等危機。

其中非洲的前景最令人憂慮。科學家估計到二〇二〇年時，非洲約有兩億五千萬人將面臨水資源不足的危機。部分國家的糧食產量會劇跌一半，導致大規模營養不良。某些窮困國家為了因應全球暖化，必須消耗國內生產毛額五％到一〇％，根本無力負擔。

全球人口最多的亞洲也不妙。到二〇二〇年時，約有一億兩千萬人到十二億人面臨水荒，二〇五〇年時可能還增加近十億人。海平面上升引發洪水，侵襲長江、恆河、紅河等主要河流人口稠密的三角洲。由於蚊蠅等病媒的棲息地大幅擴張，霍亂與瘧疾將日趨猖獗。一旦全球平均氣溫上升攝氏三度，喜瑪拉雅山區長度在四公里以下的冰川都將消融，造成可怕的洪水與土石流。

河川破壞，亞洲嚴重

在全球極其有限的淡水資源中，目前正受到人類無止境的破壞。世界自然基金會（WWF）在二〇〇七年三月二十三日「世界水資源日」前夕公布的報告指出，從歐洲的多瑙河，到亞洲的長江，乃至於南美洲的格蘭德河，非洲的尼羅河，這些著名的大河川正面臨全球暖化或者人為汙染，影響所及，是全世界超過四成住在河川流域的人們，以及地球的淡水生態系統，危機嚴重性不亞於氣候變遷。

這份「全球十大危機河川報告」，列出十條面臨嚴重破壞的河川，包括：歐洲的多瑙河，亞洲中國的長江，東南亞的薩爾溫江、湄公河，南亞的印度河、恆河，南美洲的格蘭德河、拉布拉他河，非洲的尼羅河，以及澳洲的默瑞達令河，全球五大洲的主要河川都榜上有名，其中有五條在亞洲。

很顯然地，汙染、全球暖化、過度開發和興築水壩，極有可能在幾十年內毀掉這些河川。可怕的是，過去五十年，人類改變這些河川的生態體系的迅速和嚴重程度比歷史上任何時期還多，棲息地的流失、抽取河水、過度開發、汙染等都在威脅地球的淡水生態系統。如果不能採取更好的水源管理辦法，確保水資源的永續生存，全球面臨的淡水危機，其毀滅性將與氣候變遷一樣大。

報告指出，中國長江最大殺手就是汙染，全中國工業廢棄物和汙水有超過一半都排放到長江流域，近五十年的汙染程度加重七成，三峽大壩底沉積著大量垃圾，牲畜排泄物，以及工廠、醫院廢棄物，其中可能還包括放射性物質，讓長江成了中國經濟開發的最大犧牲者。報告說：「長江過去是如此的清澈見底，現在已經髒到不再適合飲用。」

多瑙河因為沿途興建水壩，周邊溼地和沖積平原大幅流失達八〇%；南美格蘭德河因為被過度抽取用於灌溉、工業或家庭，面臨嚴重鹽化，隨之而來的鹹水魚類威脅原本河中的淡水生物生存。非洲尼羅河則面臨全球暖化威脅，即使氣溫小幅增加都能大幅降低河水平面和魚類生存，預期二〇二五年這條全世界最長的河，河水平面會降低到危機性的低標，威脅非洲人飲用水源。

薩爾溫江雖然是全球長度排名前一七七名河川中，僅有的二十一條能從源頭到下游暢流的河川，但是目前該流域正打算興建十六座水壩，將讓這條河的面貌改觀。印度恆河和印度河則受到全球暖化影響，喜馬拉亞山冰河減少，導致河水源頭逐漸消失，河流朝下游縮短。默瑞達令河則遭到外來生物驅趕原生生物，二十年消失了九〇%。過度捕撈也是一個嚴重問題，例如湄公河。

受到生活汙水、工業廢水、畜牧廢水與農藥過度使用而導致汙染嚴重，使得水資源用途受限。監察院的專案調查報告指出，在生活汙水部分，因為汙水下水道未普及，汙水流入河川；畜牧廢水部分，雖然受到行政院環保署與農委會推動的水源區養豬戶「離牧政策」而有改善，但是水源區外的部分養豬戶仍有汙染河川之虞；至於農業過度使用農藥，或農藥空瓶未全面回收，也使得寶貴的水資源潛伏毒害的風險。監察院認為，這些都是造成水資源用途受限的因素，主管機關不能不查。

濫用資源，生態崩壞

全世界氣候變遷，至今有兩派說法。其一是地球毀滅與重生的自然循環，其二則是目前廣為認知的，因為人類正在以地球無法承受的速度消耗自然資源，造成全球暖化，繼而導致氣候變遷。

從工業革命以來，人類文明活動大量地釋出二氧化碳、氧化亞氮、甲烷、氟氯碳化物等溫室氣體，吸收了更多來自地表的長波輻射，造成全球氣溫升高現象，此現象即為「溫室效應」，溫室效應導致全球氣候發生不正常的變化，並且對人類生存環境產生衝擊。

「政府間氣候變化專門委員會」（ＩＰＣＣ）的科學家估計，若大氣中的溫室氣體含量持續升高，則到二一〇〇年，全球平均氣溫將比一九九〇年高出攝氏〇．九度到三．五度，其中二氧化碳的溫室效應大約佔七〇％，其他溫室氣體約佔三〇％。由於海洋熱容量大，比較不容易增溫，陸地的氣溫上升幅度將大於海洋，故以北半球高緯度地區上升幅度最大，此乃北半球陸地較多所造成的。依據推估，二氧化碳濃度升高亦將使全球平均降水增加，尤其以冬季的高緯度地區最為明顯，而在低緯度地區，原本降水量就比較大的地區降水量普遍增加，尤其是南亞與東南亞。

這種警告，在二〇〇七年金球獎，美國前副總統高爾製播的「不願面對的真相」紀錄片獲獎達到最高峰，不僅聯合國組織、歐盟、阿聯組織都積極討論「溫室效應」的議題，世界自然基金會（World Wildlife Fund，WWF）也提出警告，世界各國若再不及時做出政策重大修正，到本世紀中，地球生態體系將大規模瓦解。

世界自然基金會（WWF）在世界生態系雙年報的「生命行星」（二〇〇四年）報告中指出，自然世界正以人類史上空前的速度惡化，天然資源被消耗的速度遠超過再生速度，這已經對地球的生物多樣性造成空前危害。該報告提出數據指出，二〇〇一年時地球資源超支程度是二一％，二〇〇三年時增加到二五％，也就是說，假如地球能負荷的是每人一．八公頃，但是提出該份報告的當下，全球平均每人卻達到二．二公頃。

「生命行星」的報告最終呼籲人類必須改變目前消耗資源的情形，包括減少二氧化碳排放量，海洋漁獵數量減半，才可能在二〇八〇年之前讓地球資源收支平衡。

穩定水源，注重管理

氣候異常引發的水資源匱乏問題，既是因果，也是循環；加上地球人口眾多，原本匱乏的水資源更加分配不均，造成嚴重的衝突與問題，如何有效保護水資源，合理利用水資源，將是國際間非常重要且嚴肅的課題。

台灣當然不能自外於世界，而且表象上的問題可能更為嚴重。按理說，台灣島四面環海，地形多山，加上每年來襲的颱風，因此雨量豐沛，不太可能缺水，但是事實就是這樣發生了。

台灣這幾年進入梅雨季節之後，未見往常細雨紛飛的景象，反而動輒是一場又一場的豪大雨，造成了土石流災情，氣候異常似乎愈來愈明顯，也愈來愈嚴重了。

談起台灣的氣候異常的例子，實在不勝枚舉。例如，台北桃園在二〇〇二年、二〇〇四年的春、夏季皆發生嚴重缺水問題，如果翡翠、石門水庫真的沒水了，整個大台北地區將面臨嚴重的缺水公共衛生問題，並衍生許多社會問題。二〇〇四年十二月就有三個冬颱形成，中央氣象局甚至還在十二月對南瑪都颱風發布颱風警報。一般而言，十二月的冬颱，一碰上東北季風就會立刻減弱而轉變為溫帶氣旋，因此，像南瑪都颱風這種利用太平洋以及大陸冷高壓兩股勢力空檔溜進台灣附近海域的路徑乃近百年來之首例。

台灣地區近年來遭逢包括賀伯、象神、潭美、桃芝、納莉等重大颱風洪水侵襲，暴雨所挾帶之雨水於時間分布上均相當集中且強度驚人，分析結果往往為高達兩百年以上重現期距之暴雨，屢創各抽水站之歷史降雨紀錄。

「嚴重的是，台灣總降雨逐年降低，但降雨時間集中且強度變大。」水利署署長陳伸賢憂心地說，他分析過歷年總降雨量的變化趨勢。「不連續降雨日數加長，乾旱情形也由平均每隔數年出現一次的發生頻率，轉變為幾乎年年都會面臨缺水的窘況。也就是說，台灣地區降雨量在時空分布上愈來愈不平均，豐者愈豐，枯者愈枯，使得枯旱缺水，或淹水夢魇隨時可能在台灣發生，也讓水資源利用與調度的益形困難。」陳伸賢談起目前水資源調配與管理的困難時，不免眉頭深鎖。

台灣地區隨著社會的進步及經濟的蓬勃發展，不僅公共及民生用水需求量快速增加，復以各項大型工商產業及高科技園區陸續設置，除使用水需求愈加孔急，對水資源量供應穩定度的要求也增加，並且對缺水的忍耐度大幅下降。

未來水資源供需將受到氣候變遷之影響而產生不確定性，因此用水需求的調配、水源供給及相關水利設施等都必須加以有效管理。過去以水壩、蓄水庫與其他相關的基礎建設來提高水源供給，勢將耗費相當大的成本，同時處處受限；因此，在開源成本過高且需水總量不斷升高之情況下，台灣對水資源管理的重心，已逐漸由充分供給轉為節約面之調配與管理，來因應水資源分布愈來愈不均的現象。

第2章

回歸自然 保育家園

二〇〇四年八月二十四日，中度颱風艾利挾帶著狂風豪雨，從台灣東北部海面侵襲本島，當時全台灣的民眾莫不驚恐，在擔心害怕中度過風雨交加的一夜。住都市的人怕淹水，住山旁的人怕土石流，住海邊的人怕海水倒灌。

民眾之所以那麼驚恐，因爲艾利颱風是西北颱，包括一九九六年重創台灣，在中部山區引發空前未有土石流災害的賀伯颱風，以及更早在一九九〇年侵台，在雲嘉沿海地區引發嚴重海水倒灌的楊希颱風，都是以類似的路徑侵台，也都是令人聞風色變的西北颱。

艾利颱風在菲律賓東方海面形成後，與當時太平洋海面上有一個更大更強勁的颱風佳芭，直撲台灣而來，也因此形成罕見的「雙颱效應」(註)。

第1節　消失的松鶴部落

二〇〇六年八月，我初次造訪松鶴部落，這個曾經是中橫最美麗的世外桃源。由於是颱風季節，我一直深怕車子開著開著，就會有落石從天而降。為了工作採訪，不得不硬著頭皮撐著，所幸一路上雖然顛簸，但總算平安到達目的地。

我會這麼想，不是沒有原因。一九九九年，九二一地震，氾濫的土石流及地層滑動，讓松鶴部落陷入危機；二〇〇四年接連發生七二水災、艾利颱風，山上的土石崩落，混雜著溪水暴漲，土石流一路沖刷，淹沒了道路、橋樑、民宅，松鶴部落在那個早秋，宣告滅頂。

二〇〇六年來到重生的松鶴部落，已不復見兩年前的悲悽，夜宿在泰雅族傳統的竹屋，享受部落寧靜的夜，是我這個徹頭徹尾的都市人所體驗不到的生活。與民宿的主人陳老闆聊聊過往，或許是原住民樂觀、認分的天性，一句「習慣了」，聽得出他失去的可以放下，但是那段驚恐的回憶，卻怎麼也不會忘記。

中橫寸斷，谷關泡湯

台中縣和平鄉的松鶴部落，是一個充滿泰雅風情的部落。因為當地以台灣五葉松為代表性植物，又因地理環境常見大量白鷺鷥於大甲溪覓食，遠遠眺望有如白鶴飛舞，故取名為「松鶴」。由於大甲溪貫穿其中，使連接岸與岸的吊橋不計其數，形成獨特的吊橋文化，而久良溪、里都溪、裡冷溪等支流的經過，也帶給此地更豐沛的資源。此地最大的特色就是物產豐饒，周圍群山遍植果樹，有如世外桃源。松鶴的泰雅族地名為「德芙蘭」，意為好山好水而適合人居住的地方。然而諷刺的是，這裡的好山好水，一夕之間被艾利颱風摧毀殆盡。

八月二十六日，艾利豪雨狂洩，墊高了大甲溪的河床，溪水直衝德芙蘭橋的橋面，橋面和溪水幾乎一般高，道路完全被淹沒，約有五十戶房屋被水沖走或沖毀，災情更甚於月前才發生的七二水災。

石岡壩、馬鞍壩淤積嚴重，馬鞍壩後池堰一片黃水。從空中鳥瞰的松鶴部落一片狼藉，房屋交疊，多數掩埋在大水中；落成不滿一年的松鶴派出所，在驚濤駭浪中傾斜宛如聖經中的「諾亞方舟」險象環生。

進入松鶴部落前的大甲溪河床，河中央還出現沙洲，淤積情形更嚴重，七二水災疏濬的砂石又紛紛流入松鶴河床下。大甲溪水看不到過去的清澈水流，到處都看到曾經暴漲的河水漫過房屋和果園的痕跡，展現大水驚人的破壞力。

博愛國小操場淪為溪床，遍地的石礫及漂流木，音樂教室被洪水沖毀傾倒，遍地滿目瘡痍；住在上部落和松鶴部落的居民對外交通完全中斷。部落對外聯繫的兩座水泥橋和一座吊橋全部泡在大甲溪水中，中橫公路到二十六公里處就無法再前進。麗陽營區位於松鶴與谷關之間，但通往谷關的篤銘橋頭路基掏空，車輛無法通行、通往松鶴的中橫公路也泡在大甲溪裡。松鶴、麗陽、谷關短短不到五公里距離，竟然斷了三處，彼此互不相連。大甲溪水漫過中橫公路，松鶴部落真正成為大甲溪河床上的孤島。

民宿的主人陳老闆回憶艾利重創松鶴的慘狀說：「我們一大群災民都住在古拉斯農場，因為沒有水，我們只能利用黃濁的溪水盥洗。」陳老闆說這是沒辦法中的辦法，還是老話一句，「習慣了」，只是他最難忘的是，因為部落沒水沒電，到了晚上，耳中聽到的盡是大甲溪洪水滾滾，像山洪爆發的刺耳聲音，「我不騙你，一連兩晚，我都睡不著。」

「當時部落大約還有一百七十多人吧。」他說老弱婦孺都已經盡可能送下山，而松鶴部落沒有停機場，加上山區多雲霧，連直升機班次也難以掌握。「我記得有一天有個兩、三歲的氣喘兒急著下山看病，我們這群災民情急之下就點火燃燒狼煙，沒想到另一個山頭的老伯也在煮飯生火，他的火比我們求救的狼煙還大，我們看苗頭不對，這樣空警隊的直升機根本搞不清楚位置，於是我們就齊心合力燒起更大的狼煙。」陳老闆興奮地說：「結果，直升機順利載運氣喘兒下山，整個部落的災民轟然一齊鼓掌叫好，你說，這種回憶你們平地人很難體驗吧？」老實說，我聽了只能沉默。

一向遊人如織的谷關溫泉，面對天災也難倖免。

神木谷飯店經理吳海回憶當年飯店的窘況，接著說：「我們這裡的人面對颱風，其實都已經習慣了，也慢慢學會如何苦中作樂。就像艾利走了之後，還有別的業者推出『威尼斯之旅』，可以讓遊客感受泡在河水的斜張橋和皇家木屋的景觀，也就是不必出國，就能在谷關看到威尼斯的景色。」吳經理兩手一攤，百般無奈，我能理解他說的是玩笑話，一個含著眼淚的笑話。

五峰尖石，形同孤島

五峰鄉在雪霸國家公園的大門口，向來以溫泉鄉出名，日據時代的「井上溫泉」，今名清泉風景特定區，曾是原住民兩族議和及埋石宣誓的地方。少帥張學良將軍來台後曾在此度過漫漫幽居歲月，如今以盛產二十世紀梨、奇異果、水蜜桃、高冷蔬菜聞名。

艾利颱風帶給新竹山區一千多毫米豪雨，石門水庫的上游塔克金溪奔騰怒吼兩晝夜。在溪畔居住的尖石後山三個部落五百多位住戶，共同經歷了生死一線的難忘回憶。

艾利在五峰造成嚴重死亡災難，但在尖石則有罕見的災情。從宇老、田圃、秀巒一直到玉峰山區，經過石磊、泰岡再到新光部落，沿路道路崩坍，巨石從山區滾落，尤其是過了宇老，往玉峰、秀巒以及養老，乃至於往司馬庫斯山區產業道路，更是柔腸寸斷。

陳希光是退休的老榮民，「這裡其實有一些跟我一樣的老兵，不是只有原住民，台灣人、客家人都有，我們都很好，可能人少吧，平常感情都不錯。」陳老伯和太太黃罔腰在霞喀羅經營果園，「艾利要來的兩天前，我們夫妻倆為了躲颱風，就先住到石鹿的工寮裡，後來颱風最大的時候，村長一直來勸我們離開比較安全。」和陳希光一樣差不多有六十多歲的黃罔腰說：「他曾經中過風，又有高血壓的毛病，其實行動不太方便，每次勸他不用跟著我上山，但是他很擔心我，怕我出意外，說什麼都一定要跟。」黃罔腰接著說：「那天，我們已經在石鹿那邊躲了三、四天了吧，村長說，看樣子可能會有災情，叫我們無論如何都要下山避一避。於是我們兩個就手牽手，用隨身的小鋤頭，在已經看不出路徑的土石泥濘裡，開路走下山來。」

現在說起來稀鬆平常，其實暗藏許多險惡。

黃罔腰說，躲在石鹿工寮裡的那幾天，他們夫妻用工寮裡的瓦斯爐煮泡麵、地瓜吃。老公還安慰她說，躲颱風嘛，隨便吃點東西，只要肚子不餓就可以了。「我們哪裡會想到，土場那裡會發生這麼大的災禍。」

逃離工寮時，黃罔腰說，她走在老公前面，以免行動不便的老公一個不小心跌倒了。遇到橫擋在身前的土石、樹木，她就用隨身帶的小鋤頭把障礙鋤開。走到沒有地方可走時，她也是用小鋤頭挖出一條可以下腳的通路來繼續走。而背上背的塑膠袋，則放幾件衣物及老公的高血壓藥，還有一個瓠瓜，以備一時走不出被土石流淹沒的地區時，夫妻倆可以用來充飢。

路過十二鄰的住處時，黃罔腰說：「我們都嚇死了！」放眼望去盡是一片土石泥濘，族人的房子都不見了，「怎麼會這樣？我們才上山多久啊？」心中好多問號，卻找不到人解答，只能跟老公邊掉眼淚邊嘆氣，手腳還發抖地繼續找尋出路。就這樣在山裡走了六個多小時，才在路上遇到上山來找他們的兒子陳建君。

陳建君說，他在新竹科學園區上班，艾利颱風來襲前，他就聯絡不上在山裡照顧果園的老爸老媽。「我早就跟他們說，山上不安全，想把他們接下來跟我住，但我爸是榮民，一直都想經營果園，這幾年生意又不錯，只好遷就他們。」陳建君話中充滿心疼。

當整個土場被土石流埋掉的可怕消息一傳開，陳建君真的嚇壞了，驚恐莫名地從竹東徒步上山找人。在山裡走了一整天，走得腳底冒出水泡都沒有結果。有時候心裡有不祥的想法，就狂奔痛哭起來，「要不要找下去？在死寂的山野之中，根本打不定主意。」陳建君輾轉反側，還是決定第二天再次上山找人，終於讓他看到滿身泥濘、步履蹣跚的老爸、老媽身影。

陳建君陪著老爸、老媽又走了一、兩千公尺，並在桃山國小搭上直升機飛離災區，陳建君說，兩位老人家總算是安全了，但一路上聽到的慘況，被困在山裡的人，沒吃沒喝的，空投進去的物資，要走上一個多鐘頭才拿得到，這種日子，真不知道要人怎麼過。

不同禍因，一樣災情

台灣處於一個極為容易發生自然災害地區，從九二一大地震開始，幾乎年年都有，艾利來襲之前的敏督利颱風，釀成「七二水災」，接著不到一個半月，艾利颱風又造成北台灣的水劫。

每一次的嚴重災情背後，都隱藏著不一樣的問題。不管是對谷關的吳文海，還是五峰的陳希光一家人來說，傷害都已經造成了，但是，對目前生活在昔日「災難現場」的人來說，會不會再次遇到一樣的災情，卻是他們心中永遠的問號。

松鶴的民宿主人陳老闆說：「你從台北來，不容易理解我們為什麼在一次又一次的災難後，還是選擇留在這裡，是因為這裡的好山好水，可是台北的官員不會理解。」「官員每次遇到土石流，都說是因為我們原住民濫墾，什麼與山爭地，還要我們遷村；但是在我們眼裡，是你們漢人在破壞山林。」

陳老闆接著說：「我們原來就在這裡，種植我們一直以來的農作物、水果，自力更生，我們也沒有去招惹漢人，但是這裡一旦被視為『世外桃源』，多少漢人就蜂擁到這裡做生意，過度開發的結果就造成土質鬆軟、遇雨成災。」

「其實最好的辦法就是讓農業下山，退耕還林。」陳老闆說，人不能與天鬥，順天應命才是讓這塊美麗的土地，重新站起來的方法。

陳希光的兒子陳建君也不認同官員指摘原住民濫墾的說法。「五峰鄉的清泉與土場部落，都是原住民部落，但是這地方並沒有超限利用與濫墾的問題，而且我們這地方也不是九二一地震的斷層帶，結果還不是一樣被無情的豪大雨打敗。」陳建君說：「我們家不是原住民，但是我爸爸很早就退伍來這裡生活，土石流的問題很多啦，絕對不是單純的濫墾問題就說得通，重要的是，如果政府不能幫人民解決生存的問題，請問我們要政府做什麼？」

根據監察院的專案調查報告顯示，農委會曾經全面清查山坡地超限利用的情形，在三十六萬五九〇七公頃中，屬於超限利用者，共有四萬七千筆，面積計有三萬兩千餘公頃，超限利用率達八・八%，而其中超限利用面積以南投縣一萬一一二〇公頃為最多，其次為嘉義縣及台中縣。而山坡地超限利用種植檳榔樹面積計有一萬一千餘公頃，占全省超限利用面積之三四・七%，主要分布於南投縣、嘉義縣與花蓮縣等地。

救災體系，面臨檢討

不管是松鶴部落、五峰鄉土石流災情，或是七二水災、九二一地震，都突顯出台灣自然災害的多變性，因此，台灣的救災體系可能都要重新檢討。

以艾利災情最嚴重的土石流為例，十幾年來，全台至少有超過一四二〇條的潛勢溪流，暗藏了爆發土石流的危機，其中不乏平日乾枯無水，外表看不出來暗藏土石流危機的地帶，而包括清泉、土場部落的居民，卻都是在這種危險地區求生存與發展。

由於全球暖化所帶來的氣候異常問題已經日益明顯，所以每一次豪大雨，幾乎都可能破紀錄，試想如果一次就把一年雨量全部傾倒下來，想要靠一百年、兩百年防洪頻率的工程防災，根本就不可能，而解決之道，就只有遠離這些土石流地區。然而不幸的是，台灣人口密集，想要做到這一點，恐怕有實質的困難。

根據水土保持法規，政府應判定潛勢溪流所在，並依土石流可能發生的範圍，逐年依法公告並進行必要管制；但是，公告劃設需要得到當地居民的同意，因涉及若干管制措施，動輒會引起當地民眾反彈。

在五峰事件中，中央提出從二十三日至二十五日，以傳真或電話十一次示警，要求地方政府將位於警戒區居民執行撤離，行政院甚至指地方首長應執行而未執行，可能構成廢弛職務罪，但地方政府則強調該做的都已經做了。

問題是，中央二十三日第一通電話紀錄是要求地方政府「預作疏散準備」，接著是「做好疏散工作」、「加強防範」、「通知村民進行疏散」、「強烈建議疏散」，一直到二十四日晚上七點三十分才開始「要求應予撤離」，但這時已經風大雨大，當地派出所三名員警雖然已經通知，但在夜黑風大的晚上，顯然已經來不及撤離。

從五峰事件，可以發現，因為天災無法準確預測，所以一開始誰也不敢下令強制撤離，僅能「建議」，等到情勢明朗，則可能已經無法執行了，事後追究，說穿了只能算「事後諸葛」。

註：所謂「雙颱效應」最早是由日本氣象學者藤原在一九二一至一九三一年間所進行的一系列水工實驗後所發現，主要解釋當兩個颱風同時形成並互相靠近時所產生的交互作用。簡單的說，如果一個地區同時有兩個颱風形成，且兩個颱風之間的距離縮短在一千五百公里以內時，就可能產生「雙颱效應」，也就是所謂的「藤原效應」。

簡單地說，「雙颱效應」會產生三種現象：其一是小颱風被大颱風「吃掉」，而形成另一個颱風；其二是分別與周邊的高壓產生作用，使雙颱效應作用消失；第三種則是間接影響，當兩個颱風分別位在西北方及東南方，且都西北方前進時，當東南方的颱風愈來愈靠近西北方時，西北方颱風的逆時針氣流會將北邊的高壓往南邊帶，進而將逐漸靠近的東南方颱風往南推，而使兩者間的距離加大。

艾利與佳芭颱風即屬於第三種，由於較強的佳芭颱風位於較弱的艾利颱風東南方，「雙颱效應」的結果，便是艾利的行進路線往南壓，然而這一壓就讓艾利變成西北颱，讓台灣北、中部千瘡百孔，讓無數居民從此流離失所。

第2節 報告縣長，又停水了

根據中央氣象局的資料顯示，艾利颱風侵台短短的四十八小時之內，除了在台灣引爆嚴重的土石流災情（以新竹縣五峰鄉桃山村最為嚴重）；挾帶的豐沛雨量，不僅讓台北縣三重地區因捷運施工不當，爆發三十年來最嚴重的淹水災情；也讓石門水庫集水區因原水濁度太高，導致桃園地區大停水。

八月二十六日，艾莉颱風遠颺，但是累積的驚人雨量，讓北部的翡翠與石門水庫不得不實施調節性洩洪。從二十三日晚上十點至二十五日下午五點，共狂洩出五億七千萬噸水量，已可裝滿兩個半石門水庫。

由於水庫洩洪量大，造成大漢溪下游洪流滾滾，沿岸均可看見黃浪滔天壯觀景象，不過也因為山區受大量雨水沖刷，引發土石流挾帶大量泥沙流入石門水庫，導致原水濁度向上飆升最高至七萬ＮＴＵ（濁度單位，Nephelometric turbidity unit），板新、石門、大湳等淨水場無法正常運作，進而使得台北縣、桃園縣、新竹縣市等地多達百餘萬戶停水。

桃園缺水，驚動中央

艾利颱風造成原水混濁，桃園縣的住戶立即面臨無水可用的窘境。

八月二十六日早上，桃園縣長朱立倫才從颱風指揮中心「下班」，連續幾天盯著艾利的動向，又要隨時注意石門水庫的飽和量，身體真的有點吃不消，原本打算先回官邸稍事休息，但是水公司的一通電話，朱立倫決定驅車前往淨水場瞭解。

「縣長，淨水場因為（原水）濁度實在太高，現在無法運轉，恐怕不得不暫停供水。」自來水公司報告縣長朱立倫這個壞消息。其實從二〇〇一年以來，桃園停水已經是夏天的「例行公事」了，艾利造成的災情這麼大，「停水」其實是在朱立倫的意料中，只是沒想到來得這麼快。

到了現場，朱立倫當場要求水公司翌日（二十七日）達成分區供水、第三天（二十八日）恢復六成供水的目標。當下水公司二區處經理胡南澤面有難色地表示：「報告縣長，濁度實在太高，勢必須要延個一、兩天才能正常運轉。」

當時的原水濁度超過三萬NTU，遠比一九九六年賀伯颱風的一萬四千NTU高出許多，是平鎮淨水場成立近十年來，濁度最高的一次。縣府緊急協調經濟部北區水資源局，暫停水庫洩洪，改由兩側排洪圳道排洪，降低原水濁度，停止洩洪後，原水濁度明顯改善，但仍在一萬NTU以上，淨水場處理相當棘手。

八月二十九日，原水濁度飆高到七萬NTU，且逐漸流入水庫，讓石門水庫充滿泥水，超出淨水場處理能力，讓台灣印刷電路板產業重鎮的南桃園，包括中壢、大園、平鎮、幼獅、觀音、渴望、龍潭光電等工業區坐以待斃。

桃園缺水，驚動了行政院，行政院長游錫堃宣布桃園列入一級災區，對於企業或民生用水帶來的損失，將在三天後公布相關補償辦法。儘管如此，南桃園的災民獲悉游錫堃前來時，還是投擲雞蛋表達強烈抗議，而縣長朱立倫在做簡報時，更是痛批中央毫無調度水資源的能力，明知道桃園缺水危機，卻始終袖手旁觀，拿不出辦法來。

朱立倫激動地說：「我今天代表桃園縣兩百萬民眾向中央要一個答案——『究竟何時有水呢？』」，桃園縣的民眾已經連續五天都沒有水了，希望中央能具體訂出一個時間表，究竟何時分區供水?何時全區供水?若未達到預期目標，我要求經濟部長何美玥下台負責，向全體桃園縣民謝罪。」

縣長開炮，出席簡報會議的民代跟著發飆，游錫堃的臉色愈來愈凝重，加上自來水公司董事長陳志奕、總經理張豐等人，對現階段供水數據與資料說得不清不楚，游錫堃也不禁動怒，追問何時才能正常供水?水公司總經理張豐一時情急，竟脫口說：「把我殺死，我也不敢講。」此話一出，讓在場者感到錯愕、傻眼，引來更大反彈與批評。

在場的經濟部長何美玥則回應，會儘速協調中央處理桃園缺水問題，雖然桃園縣政府希望能儘速解決工業區缺水的燃眉之急，但何美玥強調：「自來水管線並無工業或民生用水之分，目前能做的是統計全國其他縣市可供應水的數量與動線的安排，務必要讓產業有因應的緩衝時間。」

何美玥的說法讓朱立倫非常不能接受，也批評中央老是擺脫不掉傳統思維：「我曾經為中央捨不得七億休耕款而動怒，因為工業產值影響的不是七億、不是七十億、不是七百億，桃園縣的工業產值是一兆一千多億。若是讓桃園缺水，損失將是好幾千億!這是一個可怕的基本邏輯，可是中央卻不懂!」

針對桃園縣府的要求，當時的北區水資源局長李鐵民明白指出，由於石門水庫原先規劃用途是做為農業用水，但最後卻供應整個桃園地區的民生用水與工業用水，加上只有一個出水口設計，往後每逢颱風或豪雨，桃園水質濁度太高的狀況，將一再發生，因此建議中央趕快另闢一個出水口，來與農業用水區分。

至於何時能正常供水，自來水公司董事長陳志奕表示，由於水質混濁需要時間才能解決，預估北桃園快也還要三、五天之後，才能正常供水，南桃園則難以預估。

八月三十一日，大桃園地區停水已經第七天，民怨急劇爆發，外界責難自來水公司，經濟部長何美玥也點名董事長陳志奕要為此下台，自來水公司內部氣壓很低，顯得相當無奈。水公司內部一位不願具名的高層幹部氣憤地指出，如果不是民眾阻撓，平鎮淨水場第二取水口工程施工早就在二〇〇三年底完成，現在也不至於到停水的地步。

根據資料顯示，二〇〇一年九月納莉颱風來襲後，桃園地區就曾因為石門大圳取水口原水濁度過高而停水。當時的經濟部長林信義指示，研議在石門水庫設置第二取水口的可能性。

依照原先規劃施工時程，「平鎮淨水場第二取水口工程」應在二〇〇三年完成。但因工程設計、環境影響評估及地方農田水利會、利益團體對工程關切種種因素，使取水工程延宕。

根據水利署估計，這次艾利颱風在石門水庫集水區降下約六億立方公尺水量，石門水庫蓄水量僅二億三千萬立方公尺，所以降雨量已超過石門水庫蓄水量的二・五倍。

石門水庫濁度暴增到可怕的地步，則是壓倒駱駝的最後一根稻草。以往石門水庫集水區內降下豪雨，取水口濁度頂多約一至二萬NTU左右，平鎮淨水場停止供水約三天左右就可恢復正常供水。這次即使艾利走了，取水口濁度仍然高達七萬度，淨水場原水濁度達四萬NTU，是前所未有的事！

水公司表示無法滿足大桃園地區兩百萬民眾用水，當然責無旁貸。但是囿於現實，要能止常供水，只能靜候原水濁度自然澄清，才能解決。

九月一日，桃園水荒持續，因此「水」變成市面的珍品，各種奇特的搶水場景也開始陸續上演。例如，送水車漫天喊價，一趟喊出三萬元的天價；量販店的包裝水、礦泉水以十倍以上的速度爆量成長，儘管北桃園已開始分區供水，銷售量仍居高不下。

九月二日，自來水公司技術員吳金鈕過勞死，經濟部長何美玥趕赴探視時動容落淚地說：「付出生命工作還要受到責難，我感到很抱歉！」經濟部投入無數人力與資源，但三日午夜分區供水的支票依然跳票。何美玥再度道歉並請辭，但是，南桃園地區仍無水可用。

沒水可用，民眾跳腳

沒水可用，怎一個慘字了得？就算何美玥下台，難道水就會自動冒出來嗎？

水公司在縣內最大有二十三萬餘用水戶的桃園服務處經理陳慶林，缺水期間每天一早辦公室或個人行動電話就響個不停，民眾有的不滿大聲叫罵、有的大吐苦水或拜託幫忙送水，許多廠商更因缺水無法生產，損失慘重。

全縣大、小廠商一萬多家，多數是早年興建的工廠，並沒有設置足夠備用的儲水池，缺水致生產線無法正常運轉，初步估算全縣損失上億元甚至十數億元。

廠商受損慘重外，縣民一百八十多萬人由於工業廢水汙染嚴重，絕大多數使用自來水，現在突然全面停止供水，使得大家煮飯、洗衣、洗澡很不方便，許多人為之叫苦連天。

自來水公司二區處為因應艾利颱風，提供用戶取用的供水站，在桃市、中壢、楊梅等地的服務所旁，分別設有供水站，但根本不敷使用。

在中華電信研究所任職的張曼琮，好不容易盼到中壢分配到十三萬噸的水，但是因為白天趕著上班，沒人在家儲水，只能在辦公室乾著急，她說：「回到家裡，水龍頭擠不出一滴水，趕到里辦公室，也只能領到一箱礦泉水而已。我跑到住家附近的井水去取水，半夜一、兩點還有人在大排長龍，如果井水被抽乾了，我真的會欲哭無淚！」

在平鎮市上班的潘怡礽更氣：「我一個人在觀音工業區上班，已連續七天無水可用，白天要上班、晚上要排隊提水，衣服都沒有辦法洗，甚至不敢在家裡上廁所，只能在假日到台北親友家去洗澡，這樣的日子快讓我發瘋了。」一旁的朱國循也是滿腹苦水：「我一聽說有供水站，就駕車載七、八個水桶，滿心期待地來載水，但是扭開水龍頭時，卻發現一滴水都沒有，我當場傻眼。」

朱國循說，颱風來襲時，公寓大樓尚有水塔的儲水可用，不料幾天前（指停水的第一天，二十六日）晚間突告停水，事前無人告知，讓我們這些住戶根本措手不及。

缺水的日子難過，有不少眷村與外勞的中壢市民更是感到不便。住在自立里的李樸威就說：「眷村剛才改建完成，雖然有電梯，但是老先生、老太太提水還是很辛苦。」華勛里的里長朱夢奇自已開著小貨車，載運兩個兩噸水箱，機動穿梭里內送水，他說：「不這樣做，難道要一把年紀的老人家自己提著水桶裝水嗎？這個時候，大家能共體時艱，能幫忙就多出一分力吧。」

最突兀的就是幸福里，這裡有一處供水點，貼著中文、泰文「不能喝」的字句，原來是因為部分水車抽取的是河川或池塘的水，因此水質狀況不佳，只好建議民眾只做洗滌用。

最後這場「缺水戰爭」，直到九月九日，南桃園地區的鄉親扭開水龍頭等到水來了，才算落幕，至於工業用水，則推遲到十三日。桃園是工商大縣，工商損失估計衝破五十億元。

輕忽誤判，風暴擴大

桃園缺水以來，經濟部長何美玥一天只睡三、四個鐘頭，多半時間坐鎮工地現場，投入協調，她的辛勞沒有人否定。但是人民還不禁要問：為什麼我們的政府只能不斷地抱歉，卻無法解決人民之苦？

桃園縣長朱立倫特別質疑何美玥的指揮調度與解決問題的能力，他說：「桃園地區缺水比想像中還要嚴重，但經濟部所屬的北區水資源局卻一再誤判災情的嚴重性，而且毫無調度能力。」朱立倫表明一直以大局為重、不願輕言抗爭，不過，視察南區缺水嚴重的楊梅國小及內壢國中後，實在按捺不住憤怒情緒。他說：「我在艾利颱風過後，曾多次致電中央相關部會說明桃園缺水嚴重情形，然而風災過了一個禮拜，真不知行政院、內政部、經濟部或國防部為桃園做哪些事情？為什麼中央不能指示國防部加入協助供水工作？為什麼水資源局會誤判桃園災情嚴重性？難道一定要我像三重市長捧麥克風，或是土城市長帶隊向水公司抗議，中央才會正視桃園缺水的困境？」

朱立倫認為「誤判情勢」，是造成桃園大規模缺水的主要原因。

回顧何美玥對於桃園缺水危機的處理過程，就會發現分區供水支票的一再跳票，絕不是如同當時的行政院長游錫堃說的「技術問題」所造成，而是錯估情勢、決策錯誤所造成。

輕忽是經濟部犯的第一個嚴重失誤。艾利颱風過後，自石門大圳取到的水濁度太高，造成桃園地區缺水，經過調度，北桃園獲得解決，但南桃園濁度仍偏高，水公司的淨水場仍試著要出水。

何美玥是在缺水第四天才開始正視這個問題，當日與水公司協商提出的因應方案，要求台電停止石門電廠發電，以降低濁度，經濟部評估應至少可以達到分區供水底線。

第二是何美玥憑藉著其自信，錯估情勢。當時何美玥以為這項方案應可搞定南桃園缺水問題，經濟部甚至通知記者隨行去桃園。然而，事情完全不是何美玥想像得那麼樂觀。

八月二十九日（缺水第五天），水利署北區水資源局長李鐵民當著何美玥及媒體的面前，提出非常嚴重的警告：「艾利颱風已遠颺兩、三天，平鎮淨水場的水濁程度並未如往常下降，反而急劇攀升，石門電廠更測到高達十萬NTU濁水。」李鐵民說：「這表示石門水庫上游發生嚴重崩山，這層泥有多深、多厚，無法預估，但要在未來幾天內寄望原水恢復是不可能的。」

李鐵民直截了當的預警，何美玥當場臉色一沉，頗不以為然地回應：「你說得這麼嚴重，總要提一些作法？」之後何美玥還駁斥李鐵民的說法是「危言聳聽」。隨行經濟部官員在一旁說：「部長下去本來是要聽好消息，釐清外界疑慮，被這麼一搞，大家更恐慌。」這似乎在責怪李鐵民不「體察上意」，只會報壞消息。

沒想到，就在二十九日當晚，何美玥、水利署及水公司進行緊急協商，決定要進行平鎮第二取水口工程，自後池堰取較乾淨的水。但這原本是三個月的工程，要緊急施工，水公司預估約需七至八日。

「五天，我希望五天就能完成。」已經承擔許多政治壓力的何美玥當場要求提前完工。

五天工期完全違背專業，更是對工程管理無知的決策。一位現場工程人員說：「工程永遠都有無法控制的風險」，更何況這次是緊急施工，一邊規畫，一邊施工，當然會有需要修正的時間和空間。

何美玥的誤判情勢，不僅止於對原水濁度的判斷，與工程進度的擬訂而已。事實上，艾利風災早就超過經濟部能夠處理和調度，包括工程物資調度、水車調度等，都需要跨部會的支援及協調。但生性好強的何美玥並沒有積極請求行政院介入協調，結果讓民怨沸騰到無法收拾。

事後檢討決策過程，何美玥難辭其咎。如果經濟部及早把這當一回事，聽取專業分析，承認這次災難已超出經濟部能夠處理和調度，必須有短、中、長期的緊急措施；如果有正確的態度和判斷，經濟部對於解決缺水就會有不同的方案，並且清清楚楚地告訴桃園居民真相，並增加供水點，爭取民眾諒解，使第二取水工程可以有較從容且安全的施工，如此不致導致供水支票跳票的政治風暴，更不用賠上水公司技術員吳金鈕的生命。

第3節 集水區的百年危機

桃園為什麼缺水？撇開人為的誤判情勢，讓星星之火燎原，石門水庫的「當機」，當然是直接原因。

「艾利颱風過境，在石門水庫上游集水區降下大雨，並誘發大量山崩。根據中央大學太空遙測中心SPOT（點模式）影像顯示，颱風過後，復興山區大範圍崩塌面積增加二九五公頃，並挾帶兩千萬立方公尺淤泥進入石門水庫，是直接導致桃園大停水主因。」中大應用地質研究所李錫堤教授說。

大範圍土石崩落原因究竟為何，各方說法不一。有人認為復興鄉近年來果園、民宿紛紛成立，是破壞水土保持直接兇手；也有人將山老鼠當作濫墾元兇。眾說紛紜，結論只有一個，就是石門水庫上游集水區水土保持出現重大危機。

淤泥入庫，濫墾現形

根據中央氣象局統計，艾利颱風在石門水庫上游集水區下最大雨量測站是高義，雨量六○六毫米，翡翠水庫集水區內最大雨量測站在福山，雨量八八一毫米，兩者相差不大。而翡翠水庫濁度在颱風過後一、兩天內就恢復，反觀石門水庫則因水質混濁而長時間停止供水，由此可知石門水庫集水區濫墾、盜伐情形嚴重性。

由直升機鳥瞰艾利颱風過後的復興山區，舉目所見都是光禿禿的大片山林。受災最深的後山三光、華陵等部落，大量土石坍方不僅毀損道路，豪雨也沖刷山坡地土方，造成漂流木、淤泥進入大漢溪，最後都匯集至石門水庫。

有開發的地方，就有破壞問題，不但石門水庫有這個問題，位於新店溪上游的南勢溪山區開發漸增，水土保持也受到影響。近年來每當颱風大雨過後，南勢溪溪水濁度驟升，上游為翡翠水庫的北勢溪原水則較清澈，二溪匯流處清濁分明，有些民眾甚至以「陰陽海」形容。翡翠水庫管理局警告，若南勢溪水土保持持續惡化，也恐將威脅下游用水。

從南勢溪上游烏來地區，溫泉旅館一間間開張，可略窺一二。翡翠水庫管理局警告，南勢溪水土保持近年來持續惡化，山區開發也愈來愈多，造成只要遇上大雨，溪水濁度便不斷攀升。翡翠水庫為了將濁度維持在淨水場可處理範圍內，不得不放流較清澈的原水，稀釋南勢溪濁度。若未來情況再惡化，甚至可能威脅下游用水，屆時石門水庫原水濁度過高、桃園等地被迫斷水的悲劇恐將在台北市重演。

在大漢溪上游七六三平方公里的集水區面積中，石門水庫管理中心每年斥資一億五千萬元，進行主河道兩旁邊坡水土保持工作。其餘山坡地保育區及國有林班地，由於負責單位太多，能否落實水土保持工作，令人相當懷疑。

當時的復興鄉長林誠榮也替民眾叫屈。他說，目前相關水土保持問題都將矛頭指向果園、民宿濫建，並不公平。

在匯入石門水庫的漂流物中，絕大多數都是大小浮木。有的浮木裂開處相當明顯，一看就是老齡木承受不住颱風威力，斷裂後隨大水流入溪中。至於其他切口平整的大木，不禁令人懷疑出自何處？

激流盜木，爲錢玩命

無疑的，就是「山老鼠」。

當復興山區驟降大雨，連帶使得大漢溪溪水暴漲，就是當地非法開墾山林的山老鼠出沒的時機，他們趁此機會偷渡盜木，還會僱請舢舨穿梭激流收集浮木。當大溪警方到場時，船主仗著警察無船下水，對取締動作視若無睹，行徑十分囂張。

大漢溪流域早年曾是伐木業主要運輸管道，當時業者利用溪水暴漲之際，將木頭綑紮成木筏順流而下，再到下游拆解運送買賣。由於當地已禁止伐木，因此木筏遍布溪面的情況不復見。

警方曾經調查發現，艾利過境的二十四日便有七艘小舢舨，在暴漲激流中穿梭，並數度發生與木材擦撞意外，場面相當驚險。當警方鳴笛警告船家上岸，船主竟欺警察無船下水，大剌剌揚長而去，簡直無法無天。

當地復興鄉長林誠榮表示，山老鼠盜砍樹材以檜木、紅豆杉為主，以一株長三公尺、直徑一公尺的紅豆杉來說，可以賣到一百五十萬元，利潤驚人，難怪有人願意為錢玩命，在颱風天開船收集木材。山老鼠使用流籠，將木材擺放至溪流中央隨水漂走，接著僱人駕駛小舢舨標上記號，等到大漢溪下游阿姆坪時再依註記分裝變賣。鄉公所人員曾針對此一情況進行取締，卻遭不肖業者開槍示威。當地還傳出部分「黑道」業者為了搶生意，彼此鳴槍嗆聲，行徑十分囂張。

「山老鼠」對集水區造成的生態浩劫，不只一端，但是最嚴重的影響恐怕就是戕害了水土保持。大雨過後，成群山老鼠便將早已砍伐好的檜木、肖楠整批丟入大漢溪中，利用大水暴漲之際暗渡陳倉。

復興居民指出，盜木集團除了走水路，平時也利用當地盛產綠竹，包覆原木後夾帶闖關。每年復興鄉被盜伐樹木難以估計；部分高經濟價值的木種，更是逐年稀少。長久下來，只要大雨沖刷，盜伐區便成了土石流代名詞。

「任何堅固的生態工法，也抵擋不住驟降大雨，更何況復興山區出現的是近四十年來最大雨量。」中央大學土木工程學系系主任吳瑞賢說。

樹種選種及疏伐動作也是維持山區水土保持重要項目。復興山區近年來少見相關工作推行，加上林務局造林政策誘因不足，導致水土保持進度裹足不前。

吳瑞賢說，如果把破壞水土保持直接兇手歸咎於山區突降大雨，這樣的說法當然成立；但相關配套措施能否落實，才是維護水土保持的重要工作。

水庫管理中心主任簡昭群說，水庫上游集水區整治可分為農地水土保持及崩坍地整治兩大部分。本次因雨量過大造成崩塌，突顯水土保持之外的走山問題。

由於石門水庫集水區管理機關為桃園、新竹縣政府，根據中央大學太空及遙測中心崩塌數據顯示，在二九五公頃崩塌面積中，桃園縣復興鄉僅八十四點七公頃，新竹縣尖石、五峰鄉合計約有二百一十公頃。未來如何協調跨縣市水土保持計畫，才是根治水庫上游集水區土石崩落最好辦法。

第4節 司馬庫斯風雨中的寧靜

顯然，石門水庫上游集水區的水土保持危機，因為果園與民宿的高速發展，與山老鼠的濫墾，都脫不了干係。或者，我們從相反的角度來看，如果有一個地方，沒有那麼多的人為濫墾原因作祟，是否就能從艾利的強風豪雨中全身而退？

有這樣一個地方——司馬庫斯。

司馬庫斯是台灣最偏遠的部落，這裡海拔標高一千七百公尺，距離最近的城鎮——竹東超過八十公里。這個泰雅人的原鄉，始終披著一身神秘面紗，外人稱她為「黑色部落」，泰雅住民卻自稱是「上帝的部落」。這裡，曾經是被世界遺忘的地方，如今卻意外成為遊客絡繹朝聖的天堂。

我從北二高下竹林交流道後，走一二〇線道路，往橫山接內灣、尖石，過錦屏大橋、那羅、宇老、秀巒，直奔泰崗。

從泰崗到司馬庫斯這段路，必須走過三重山的蜿蜒山路，雖然只不過十七公里左右的路程，卻是峰迴路轉，陡坡連連，然而，行車在瀕臨萬丈深谷所闢建出來的古道，往前看盡是蒼鬱的山巒，「登泰山而小天下」的豪情不正是如此？

駛進「上帝的部落」牌樓，映入眼簾的是整潔的道路，滿山遍野燦爛綻放、迎風搖曳生姿的野百合與非洲菊，與綠色叢林相間的紅色民宿。

司馬庫斯，溯源之旅

早期泰雅族人由南投縣仁愛鄉一帶起源向北移動，經過大霸尖山（泰雅族的聖山）一帶，向北分散居住，其中在新竹山區塔克金溪東岸成為Mrqwang支族。傳說數百年前Mrqwang支族有一位祖先馬庫斯（泰雅語：Mangus）帶領一群族人到當地開發，對族人而言，離大霸尖山最近的地方也最靠近祖先，在此落腳是為了勿忘祖先教誨，彼此相愛互助，好好管理祖先賜予的土地，而為了紀念馬庫斯，這個部落便稱為司馬庫斯（Smangus Tnunan）。

位處新竹縣尖石鄉境內的司馬庫斯，很多人都會對那裡的水蜜桃與神木群印象深刻，在偏遠山地的艱苦環境裡，泰雅住民們靠種植水蜜桃、蔬菜與打獵為生，他們在經濟、教育、福利都處於弱勢。

作家古蒙仁曾形容司馬庫斯是「黑色部落」，因為這裡直到一九七九年才有電力供應；而一九九一年司馬庫斯神木群的發現，使得當地的觀光業有發展的契機，對外道路則要到一九九五年才修築完成。在此之前，當地居民必須徒步穿越溪谷五個小時（以當地原住民成人的腳程），到相隔一個山谷的新光部落以取得日常生活的物資。

新竹尖石後山的三大部落，新光、鎮西堡（鎮西堡就在新光部落的旁邊約五分鐘車程）與司馬庫斯，分據塔克金溪左右岸三個據點，新光與鎮西堡約比司馬庫斯早開發十年，但感覺上新光與鎮西堡先開發，卻因部落以自由競爭方式，對於社區公共環境較為鬆散，不似司馬庫斯部落以公共造產方式經營上軌道。

司馬庫斯和新光部落，都以為數眾多的神木群聞名，兩部落僅隔著塔克金溪山谷遙遙相望，碰上雲霧繚繞和細雨紛飛的天候時，升起的山嵐和飄蕩的雨絲，除了讓人有身處畫境的感覺外，黝黑的星空和雨後的清涼也為旅人帶來心靈深邃的沈澱。

幾年前，統一「麥香紅茶」廣告以一個城市老師遠赴部落任職的故事，讓新光國小聲名大噪。這所新竹縣境的「最高學府」，位處秀巒村新光部落，在二〇〇二年以前，司馬庫斯部落的孩子們，每天需花四、五個鐘頭，翻山越嶺到新光國小就讀。新光部落和司馬庫斯部落看似近在咫尺、目視能及，其中，卻相隔著塔克金溪山谷。

這趟求學路，少說也要八公里之遠，一口氣走個四、五小時，連大人都吃不消，卻是當地學童的成長必經之路。

部落的長老优勞回憶童年念書的環境，他說，早年道路還沒通，每逢周一清晨，司馬庫斯學童的高年級生就會領著低年級小朋友，沿著V字型的古道步行上學。由於路太陡，小朋友都得先下到塔克金溪，再爬上對面山頂的新光國小。「我們根本不用體育課，步行上學運動量就夠充足了！」优勞苦笑。

還不到四十歲的优勞說，司馬庫斯的小朋友在新光國小是出名的，校長都會特別通融，一年級的小朋友只要在周一的晚餐之前抵達學校，就不算遲到；一到周末，低年級生吃過早餐後就可以先回家，但高年級生還是得上完課才能走，「我們童年的回憶，幾乎都是在走路。」

儘管後來一九九五年司馬庫斯對外的道路開通了，司馬庫斯到新光的車程還是要一個多小時。家長開始協調輪流開車接送返家，但沿途道路兩旁不是峭壁，就是瀕臨深谷，一有大雨過後，家長總是提心吊膽，害怕學童就學期間發生意外。

二〇〇三年，司馬庫斯爭取設置自己的小學，一度揚言罷課，拒絕到新光國小上課，並發起部落自學行動。後來在民代多方協調下，新竹縣政府允諾在當地設置「實驗分班」。這是司馬庫斯第一次有小學，一所政府與部落共同合作打造的小學。

後山脫貧，陷入迷思

此刻，我站在司馬庫斯的土地上，一點也感受不到艾利颱風曾經帶給這裡的驚恐。長老优勞臉上泛著笑意：「你當然看不到，因為我們這裡活得好好的。」优勞隨之正色說：「那幾晚的確是很可怕，但是如果不是我們一直致力種樹的工作，司馬庫斯可能就消失了。」

优勞指了指眼前的山林，他說：「從桃園復興鄉的北橫拉拉山到新竹縣尖石鄉的後山，一共十幾個部落，現在周邊都已全面性開墾。」优勞無奈地搖搖頭。

這得話說從頭。一九五〇年代，政府推行了山地定耕農業、育苗造林、生活改進等政策，開啟山區部落與資本主義接觸的開端；梨山的蘋果、拉拉山的水蜜桃，繪製出原住民買車蓋房的繁榮神話，也將部落族人捲入發展主義的迷思中；這套神話強調經濟增長比不增長好，快速又比緩慢好。亟欲脫貧的想法，讓尖石後山的原住民，亦步亦趨地跟在梨山、拉拉山的發展經驗後頭，因此他們也種起了水蜜桃。

尖石後山的原住民，的確陸陸續續嚐到了甜頭。

但是，司馬庫斯與新光、鎮西堡等部落不同的是，因為族人、手足的分裂，司馬庫斯很快就從「賺大錢」的迷思中清醒，轉往「觀光」發展。過去十年，新竹林管處僅僅採取消極勸說，並沒有積極阻止山區居民種植水蜜桃，而司馬庫斯族人全力投入民宿的經營，相反的在過去十年，卻是年年向林務局申請樹苗，在部落周邊種樹。

「我很驕傲的說，跟尖石後山到處是一片狼藉的景況比較，司馬庫斯在艾利災後，就沒有任何崩塌發生，顯然我們種樹的效果，已經達到保護部落安全的目的。」优勞說。

事實上，從新竹縣政府當年在艾利風災之後，在直升機上拍攝的空照圖來看塔克金溪上游的三個部落，很清楚地分野出不同。一邊是新光、鎮西堡，很多懸崖峭壁都被開發成水蜜桃園或是梯田；而另一邊的司馬庫斯卻沒有。

這正是新光與鎮西堡，在艾利颱風當中，災情會這麼慘重的主要原因。

十年種樹，拯救部落

尖石後山部落的教育問題，一向讓泰雅族人頭痛，一場風災，更讓他們不知所措。

新光國小因為一支電視廣告一炮而紅，山地小孩在操場中盡情奔跑的純真模樣，讓看過廣告的民眾記憶深刻。只是，艾利肆虐過後，新光國小的操場居然會湧出泉水。

司馬庫斯的長老优勞說：「還好我們部落的小孩因為有『實驗分班』念，我記得那一年開學的時候，新光國小根本沒有辦法上課。」

新光國小校長王賢說，當時操場有泉水湧出，我怕學校整個滑下塔克金溪，司馬庫斯的通訊又中斷，新光部落住戶全部遷到鎮西堡，開學還要找後山三個部落的家長開會，「我連如何找到人，都是問題。」校長說。

优勞證實，新光國小後山的兩次崩塌，如果不是被幾十棵大樹擋住，整個部落恐怕都已沖入塔克金溪了。然而諷刺的是，「以前這幾十棵大樹還差一點被砍掉，改種水蜜桃。」优勞說。

优勞接著表示：「艾利來的時候，我們族人從來沒有想要離開。」他說，沒有什麼好怕的，二〇〇三年內政部曾經表揚司馬庫斯水土保持最好，撥了一百萬獎金，當時我們把這筆錢全部投入部落的排水設施工程，加上過去十年族人的拚命種樹，彌補早年祖先的過分開墾，才有今天的安全。

艾利颱風帶來的豪大雨，似是上天對濫墾山坡地、平時不珍惜水資源的人們一種懲罰，然而對司馬庫斯的族人來說，那塊祖先遺留的土地——他們一直堅守的家園，當下，是最寧靜不過了。

第5節 石門水庫累了

艾利颱風後的石門水庫，變得極為脆弱，任何狀況都是新問題。水利官員預測，未來將不再只是颱風期間會停水，非汛期因濁度飆高而停水，恐怕會變成常態。

最關鍵的原因就是水庫底層淤積的大量泥沙。

「石門水庫很勞累，一年要裝滿四次才夠大桃園地區用水」，水利署官員如此形容垂垂老矣的石門水庫。以艾利颱風為例，就帶進超過兩千萬噸的泥砂，填塞了水庫百分之十七的蓄水量。如何應付容量急速下降危機，成了水庫管理中心燙手山芋。一位石門水庫管理局官員說：「如果這些天文數字一般的泥沙都可作砂石的話，石門水庫底的淤泥，可以造就上千個富翁！」

令人擔心的是，全台灣大大小小這麼多水庫，其他水庫是否會像石門水庫一樣，一下大雨就不能供水了呢？

水利署發言人主任秘書吳約西表示，早期建的水庫是「在槽」的水庫（註），在三、四十年前是世界建水庫的風潮，像是翡翠、石門、曾文水庫都是在河上攔河而建；「離槽水庫」是最近二十年所發展出來的，像是寶山、鯉魚潭、仁義潭水庫等等。在槽水庫會接收河川上游的砂石，所以必須建攔沙霸，加強攔沙的工作，而這次在新竹縣的尖石鄉、五峰鄉下這麼大的暴雨造成強大的土石流後，並灌入下游石門水庫的情形，仍是未來幾年都會面對水庫嚴重淤積砂石的問題。

排沙清淤，陷入兩難

艾利颱風造成石門水庫原水濁度飆高到七萬NTU以上，讓桃園地區五座淨水場停擺，兩百萬人經歷一場令人難以置信的「大雨天，停水天」困境。在這場缺水戰爭之中，台灣的水資源問題也再度暴露無遺。問題癥結到底出在哪裡？

為了盡速恢復供水，石門水庫停止洩洪，也進行了搶水工程，不過恢復供水的代價，卻是拿石門水庫壽命做賭注，這一場人與水的爭戰代價，一點也不便宜。

對水利官員而言，庫底高達八公尺深的淤泥，在維護石門水庫的壽命，與正常供水之間，已經變成一種兩難。颱風期間因自集水區帶進大量淤砂，攪動庫底的底泥，濁度飆高，影響供水，這早已是大桃園地區的噩夢；如果要維護水庫壽命，勢必要排沙清淤，但是水庫排出來的水，又會使濁度飆高，導致停水，「石門水庫已經進入老年期，各種狀況都會傷害它」，這位長期操作石門水庫的官員說。

水利署表示，艾利之後，第二年又增加九百萬立方公尺淤積，而且庫底還有幾萬噸的木頭，「大的很難拉上來，小的會損害電廠及閘門，對水庫造成傷害」。而這麼大泥沙量是石門水庫的負荷，但石門水庫再怎麼排沙清淤，還是必須要藉助水力排沙才有效率。

「現在救石門水庫最好的方法是，停用一年，把水庫的水都放光後，讓底泥清一清」，熟悉石門水庫的水利官員接著說：「但這是不可能的，因為沒有備援系統，沒有石門水庫，大桃園地區會完蛋！」

官員會這麼說，不是沒有原因的。

恢復正常供水之後，亟待解決的就是石門水庫的淤沙危機。水庫管理中心曾經在艾利颱風過後，外包抽沙船進行「清淤大作戰」，日夜不停二十四小時運作抽沙，希望稍稍紓緩水庫嚴重淤積問題。

然而外包抽沙船一年只能抽取三十萬噸淤沙，依照當時的清淤速度，必須花費六十六年以上時間，才能清除完畢；但以石門水庫設計八十二年使用期限來說，等淤沙清光後，水庫早已壽終正寢。

然而，還不用等到六十六年之後，抽沙作業進行了沒幾天，就因為翻攪起的淤沙再度飆高原水的濁度，導致大湳給水廠無法正常供水，兩天一共減少了北桃園地區十五萬噸供水，管線末端、地勢較高地區無預警停水，再度引起好不容易才復水的民眾抗議，排沙作業只好緊急喊停。

石門水庫是在一九六三年完工，當初水庫設計是以灌溉為主，公共給水與工業用水供給量一天也只有十萬公噸，因此並無設置專用公共給水取水道，完全是依附在農業灌溉取水道。

前水利署署長黃金山指出，從石門水庫建成到現在，已經超過四十年，整個環境已今非昔比，石門水庫經營已經由農業轉變到公共給水，但相關自來水淨水措施，以及取水的設施並未改變過，完全靠石門大圳以及桃園大圳兩灌溉水路取水，而灌溉取水是底層取水，即使取到濁度高的水也對農田有益，但公共給水如果取到濁度高的水，公共給水就全面停擺，這就是桃園停水癥結。

由於水庫一洩洪，原水濁度就增加，為了提前供應較乾淨的水，決策單位下令水庫不再洩洪排沙，並全面進行表面取水的臨時工程，這項決定促使了桃園地區全面恢復供水，卻也讓水庫泥沙問題再度浮現。

黃金山說，以日前艾利颱風帶來大量淤沙為例，如果原水濁度七萬NTU來估計，這一次水庫中泥沙中保守估計超過二千萬噸，幾乎是石門水庫容量的十分之一。

蓄清排混，操作原則

一般人認為，水庫淤積，進行清除就可以了，但問題並不是那麼簡單。石門水庫管理中心主任簡昭群指出，水庫清淤作業分為上、中、下游三區塊，除了中下游由管理中心發包僱請抽砂船清淤外，上游只能依靠怪手清除淤沙。

簡昭群說，包括怪手及外包抽砂船以一年三十萬噸容量清淤，仍趕不上泥沙淤積速度。因此利用大雨來臨時水庫進行排洪，利用洪水帶走泥沙也是維持水庫壽命最重要的手段，易言之，「蓄清排混」是水庫操作最重要的原則。

「水庫並沒有所謂的排砂口或排砂道，為了有效保障蓄水空間，當水庫進流量大實施洩洪或排洪時，多少會有部分淤泥隨高流量原水瀉出，這是正常現象，卻被民眾誤解為停水主因。」簡昭群說。

停止排洪，會讓泥沙淤積在庫底，除直接造成石門水庫減壽外，石門發電廠也是最直接受害者。北區水資源局局長李鐵民表示，電廠除了發電功能外，另一重要功用便是藉水力滿載發電調節水庫水位。

李鐵民說，當水庫進流量到達每秒一百零五噸時，石門電廠就可進行滿載發電；換句話說，每當颱風過境或山區大雨，電廠發電不啻具有洩洪功效。

然而石門電廠在這波桃園大停水中，「奉命犧牲」停止運轉，任憑泥沙淤積，以達成改善下游水質混濁目的。事實證明，電廠運轉與否，根本與水質混濁無關。

李鐵民強調，水庫操作的基本原則是「蓄清排混」，如果不利用洪水排除蓄積的淤泥，水庫會掛掉，而解決濁度的問題，應該是由各取水單位來解決，就水廠而言，應該是在水廠設置類似沈沙池解決，但現在是將水庫當作水廠的沈沙池。

水庫管理中心在上游集水區復興鄉興建一百二十一座攔砂壩，希望延緩水庫縮減壽命。不過經四十年蠶食鯨吞，攔砂壩早被淤沙填滿；民眾熟知的榮華、義興壩已失去實質作用，成為觀光熱門景點。攔砂壩被淤沙填滿，也說明了上游集水區遭到濫墾、濫伐的嚴重性。

走在上游集水區巴陵、上巴陵山上，觸目可見滿山遍野的水蜜桃果樹，不見林木參天的森林，就可以說明了水庫集水區的問題了。

然而，不僅是石門水庫有這樣的問題，像是曾文、翡翠水庫日後也都無法避免相同的危機，只是石門集水區區域較大，所以問題更嚴重。台中自來水公司的內部人員表示，除了在槽水庫容易淤積砂石外，曾文、牡丹水庫，大甲溪上的水庫也是岌岌可危。

石門、曾文、德基、翡翠這些規模較大、較老的在槽水庫，受到從前攔壩技術的限制，無法避免淤泥囤塞的問題；但較新的離槽水庫也有相同的問題，由於政府在集水區保育工作規畫不周詳，一受到大雨的侵襲同樣會有停水的危機。

位於嘉義縣八掌溪上游的仁義潭在一九八七年完工，是一離槽水庫。根據交通部觀光局的資料指出，全台灣二十幾個規模較大的水庫當中，仁義潭的遊憩人口數最高，單單一年就有超過二十幾萬的遊客，因此仁義潭集水區無論是山坡地濫用問題與土壤沖蝕深度方面都居全臺灣水庫之冠。

另一鳳山離槽水庫於一九八四年完工，但是由於集水區經濟環境較好，造成開發過度的問題，目前鳳山水庫的崩塌地面積比例占了水庫集水區面積的四分之一，若是土地崩塌問題不改善，大雨一來恐怕會與石門水庫目前的情形差不多。

水利署更指出，自從九二一地震之後，中央山脈的土地鬆軟，無論是離槽還是在槽水庫，土石流流入水庫已經防不勝防。水利署主任秘書吳約西說：「從九二一地震以後，濁水溪以北、石門水庫以南，都有可能發生同樣的情形。我們這五、六年來所發生的土石流，是過去二、三十年來所看的一切，九二一地震是一個原因，而整個地球氣溫的改變，也就是溫室效應，也是原因之一。台灣過去一年要觀測到一個小時降雨超過一〇〇毫米的紀錄一年不到十次，但是這幾年每年幾乎都會發生一、二十次。」台灣因為地形較陡，沖刷量很大，這幾年的暴雨加上九二一地震，釀成了無數的土石流。

加強濬渫，覓址棄置

石門水庫的例子，只是台灣所有水庫發生問題的縮影，光是清淤的部分，就夠行政主管機關頭疼。

據統計（截至二〇〇二年）國內四十餘座水庫歷年淤積累積總數量（扣除已疏濬部分）約為四億九百三十四萬立方公尺（相當於翡翠水庫總蓄水量），疏濬總數量約為一千一百五十三萬立方公尺，其歷年濬渫總數量與淤積累積總數量之比值僅〇．〇二八；而淤積率超過（〇．一）百分之十之水庫，包括：石門水庫〇．一九；曾文水庫〇．一五；西勢水庫〇．三；南化水庫〇．一三；鏡面水庫〇．一四；澄清湖水庫〇．一八；鳳山水庫〇．一二；東衛水庫〇．一八；直潭水庫〇．一四；明德水庫〇．二；大埔水庫〇．四一；白河水庫〇．四七；烏山頭水庫〇．四六；德元埤水庫〇．五四；虎頭埤水庫〇．三八；內埔子水庫〇．四六；鹽水埤水庫〇．六六；谷關水庫〇．五九；霧社水庫〇．三九；日月潭水庫〇．一二；尖山埤水庫〇．六二；鹿寮溪水庫〇．六九。由此可知，部分水庫淤積嚴重，已影響水庫容量。

水庫淤積嚴重，眾所周知，但是要清淤談何容易？以翡翠水庫為例，二〇〇二年一至六月限水期間，輿論普遍要求水庫濬渫淤泥，但是，翡翠水庫因庫岸是屬於峽谷地形，並不像石門水庫於大壩下游有廣闊河川地可設置沈澱池，以供壩前水力抽砂清淤時放置淤泥，且水深不易進行水力抽砂清淤，亦無寬闊砂石河床，可供重型機械、車輛進行開挖清除河床砂石，使得淤泥不易清除。

對此，翡翠水庫管理單位目前採取的做法是──「寧可不要讓泥砂掉入水庫，也不要等淤積之後再清理」。據了解，自一九八八年到二〇〇二年為止，已投入水土保持經費十三．九億元；台北市政府除每年編列預算供「經濟部台北水源特定區管理局」執行水土保持外，翡翠水庫管理局亦提出「台北水源特定區——集水區治理中長程實施計畫」；另該水庫近三年來並採取「蓄清排混」策略，利用洩洪時做水庫斷層水質檢驗，排除混濁、含泥砂量最多之洪水，以減少淤泥沉澱，使得年平均淤積量降為八十九・三萬立方公尺，三年來較設計淤積量減少約七十三萬立方公尺。

水庫管理單位以二〇〇一年的納莉颱風為例，他們利用「蓄清排混」作業方式排放泥砂約十萬立方公尺，以水力抽砂成本每立方公尺五百元計算，可省下約五千萬元經費。因此，清除淤泥的方式並非只有一種，只要是能減少水庫淤積的方法，無論在水庫開發時將排砂防淤所需構造物列為必須附屬結構，或是執行水力抽砂，又或者藉由水力排除淤泥，都是可研發辦理的技術。

另外，就算清出淤泥，龐大數量的濬渫物應該如何處置，卻又是另外一個麻煩問題。根據研究，水庫濬渫物粗顆粒雖可做為建築骨材，但是細泥部分目前仍無法做經濟有效利用。目前國內相關研究包括：將水庫淤泥與燃煤飛灰混合燒製為紅磚建材，其成本概估比一般紅磚高〇・一六元，具可行性；另外，成功大學水利及海洋工程學系則正在積極進行水庫淤砂製作泥腸砂袋之研究。

就算將濬渫物回收再利用，但還是有無法利用的水庫淤積物，因體積龐大、水分高且富含黏土及有機物質，搬運不易，以現有的合法土石資源回收場、砂石場及磚瓦窯場，並無處理高含水量淤泥之機具設備，以致濬渫的淤泥無處可去，因此，監察院建議水利署宜配合營建署，規劃設置區域性土方銀行的政策，也就是在適當地點，興設具有處理淤積物技術（包括物理方法、化學方法及機械方法）與機具設備的土方銀行，以解決淤泥棄置問題。

註：所謂在槽水庫，就是在河川主流興建大壩，阻絕河流本槽建成水庫者，稱爲在槽水庫，翡翠、石門及曾文等水庫均屬之，在槽水庫因爲阻絕河流，會破壞、改變原來的環境生態系統。而離槽水庫，即水壩不建設在河川的主槽，而選擇於離主槽不遠的小支流上。如烏山頭、日月潭、蘭潭及鳳山水庫等均屬之，離槽水庫不會阻絕河流，對環境生態系統的改變較小。

第6節 水銀行的觀念

二〇〇四年艾利颱風所釀成的災害，幾乎可以看成是台灣水資源問題的縮影。

我曾經很疑惑地請教過監察委員林將財先生：「蓋水庫是不是解決水資源匱乏的最好方法？」林委員回答：「解決缺水問題有很多方法，蓋水庫是很好，但是並不是唯一最好的方法。」他進一步解釋：「水庫是調節水一個很基本的建設，如果雨下得很大，卻沒有一個水庫來適當的儲存，雨水就流到海洋裡。台灣現在（二〇〇七年為止）大大小小有八十幾座水庫，上游濫墾的問題一直是困擾水庫的問題，水庫蓋好了以後，要減少淤積的問題，上游的水土保持就很重要，但是又牽涉到主管機關不一樣，權責的劃分很繁雜，上游的水土保持是農委會，水庫的中央主管機關是水利署。」

「我想，當前的要務是應該如何有效利用現有的水庫，以延長水庫的壽命。」林委員說：「政府應該了解，台灣現在最基本的生活用水、工業用水的需求量是多少，要建設當然要考慮成本，而且供應水資源的方式，水庫只是其中的一項而已，無論國家多富有，資源還是有限。而且蓋水庫有很多條件，包括自然條件、經濟、維護管理條件等等，還有一點很重要，民眾的意見非常關鍵，如果影響人民的權益，是件很麻煩的事，所以蓋水庫並非唯一、最好的方法。」

林委員最後說：「去評估整體的用水量，也就是用水需求是多少。太多水庫，其實擺在那裡閒置也是沒有用的，有限的資源，要做到最好的運用，發揮最大的效果。」「我認為水庫之外，應開發地下水等其他水源、防止水庫的優養化，才是最重要的。」

興建水庫，該或不該

到底該不該興建水庫，其實在國家政策、學界、輿論與民眾心中，各有一把尺。

《自由時報》在二〇〇二年七月八日曾經以「避免缺水之苦應破除不建水庫禁忌」的社

論指出：「台灣雨量分布不平均，旱季太長，必須要興建水庫來儲存水源。……黃金山（前水利署署長）表示，日本本土有二千多座的水庫，而且正在興建的水庫還有三百多座，可見水庫何等重要。反觀台灣的水庫只有四十多座，與日本相較完全不成比例……。」

但是反對者也舉證歷歷。以美國為例，自一九七〇年後，墾務局及工兵團已逐漸刪減預算不再興建水庫，並逐漸以有效率之輸水、給水、提倡節約用水等觀念替代水庫；再者，一九九八年七月規劃的建民水庫，因為隔年發生的九二一大地震而終止興建，就是因為九二一的車籠埔斷層，與壩址僅僅相隔五百公尺而已，後來經過蓄水庫安全評估小組評估，不排除未來斷層再次活動時，可能由撕裂斷層向東延伸至壩址附近，對壩體安全有影響。還有，在現有的部分水庫中，陸續發生攔蓄水源造成下游生態改變，與海岸向陸地退縮等影響。凡此種種，都使得水庫開發，存在著許多爭議。

前經濟部水資源局長徐享崑則在專案諮詢會議中認為：「很多人主張不要再開發更多的水庫，我想這是可以理解的，畢竟世界大壩組織也裁撤掉了，我覺得台灣身為邁入先進國家之林的一個國家，也不要執意去走『開發水庫』這條路。但是，如果有好的條件、該開發的水庫我們就應該去開發。」中原大學土木工程系教授李錦地在專案諮詢會議中對於是否開發水庫也有自己的見解：「我想問題是，第一，台灣目前有沒有水可以去開發？要持續的調查、規劃，要建立潛能資料，因為沒有水可以去開發的話，建水庫也沒有用！還有水我們就可以來開發，所以第一個是有沒有，這些要清楚掌握具體的資料，做一個長期的調查、規劃，這個也是不能停下來的，要做一個水庫，要有長遠的調查，這是第一個有沒有的問題。第二，是行不行，既然有開發的潛能，那開發它行不行？過去從工程專業的角度考慮在技術上是不是可行？在經濟上是不是可行？在財務上是不是可行？現在再加上環境可不可行？所以我認為開發水庫，並不是『建不建』的問題，而是『行不行』的問題。」

替代水源，宜早因應

興建水庫除了有沒有適宜的地方，政府面臨更大的挑戰，恐怕就是當地住民的心態。因為水庫開發後，集水區內的土地使用，將受到法令限制，但是早期除了台北水源特定區是依據自來水法、都市計畫法及台北市政府行政規章建立集水區稍具回饋雛形外，其餘集水區域的回饋機制都付之闕如，因而民眾的抗爭時有所聞。

所幸這方面在監察院提出問題與對策之後，行政院做了回應，二〇〇四年六月十八日通過的自來水法修正案，應能有效消弭政府與人民之間的紛爭。

另外，在新興水庫未完成開發前，為達到區域安全存水量，與供水可靠度及穩定性，廣建具有地方特色的人工湖、農塘……等，做為替代水源，也就是「水銀行」的觀念。

前水利署署長黃金山就支持這個看法，他說：「台灣的降雨量雖然很多，但是分布不平均，假設我們沒有水庫把它裝起來的話，枯水期是沒辦法度過的。事實上水庫有很多種類，譬如說我們老祖先的埤塘是最好的水庫，淤積量非常少，水庫不一定要做在山地、平地或者是地上、地下，只要能裝水的都叫水庫。我們的基本原則是，對生態破壞最少的，就可以在經過評估之後以永續利用、淤砂最少的原則，來提出水庫開發的方案。」

水庫優養，無毒汙染

青山綠水原是好風光，然而水庫中若是一片綠洋的景色，民眾飲用水的安全可要亮紅燈了！因為愈濃綠的水色，就代表水庫優養化的情況愈嚴重，水源水質也就愈堪虞……。

所謂優養化（Eutrophication）係指過量的營養物質進入水體，造成藻類大量繁殖、死亡，並因其腐敗分解大量耗氧，導致水中溶氧耗盡而有機物質卻很充足之現象。而水中的營養鹽如氮、磷等之過量增加，將導致藻類之大量繁殖，而引起水質惡化，魚群大量死亡。「優養化」會改變正常的群落組成與生物棲息環境，破壞水域的生產力，危害人體健康，因此被稱為「無毒的汙染」，又稱為「富營養化」。

二○○七年四月，媒體發布了一則消息：「根據環保署二月檢測結果顯示，全台二十七座水庫中，共有十四座出現微囊藻（Microcystins）；五月微囊藻將大規模繁殖，九月將可能釋放出藻毒素……」，頓時引起民眾的恐慌與疑慮，因為去（二○○六）年成功大學環境工程系林財富教授就已發出警語，在他的研究中發現，包括曾文、牡丹等共有九座水庫發現微囊藻，部分水庫的微囊藻甚至超過世界衛生組織（ＷＨＯ）每公升不可以超過一微克微囊藻毒素Microcystin的標準。

微囊藻素有「水庫殺手」之稱，據林口長庚醫院臨床毒物科主任林杰樑表示：「藻類大量繁殖在環境飲水健康上有深遠的影響，因其中部分有毒的藍綠藻可能引起神經毒性、急性腸胃炎、皮膚接觸性發炎、肝炎、癌症等毒性作用。微囊藻的數量與溫度呈正相關，水溫愈高，藻類就會大量繁殖。每年夏天溫度高、陽光強、枯水期長，微囊藻毒素含量就會大幅升高。目前認為，微囊藻毒素是一種肝臟毒素及腫瘤促進因子，會誘發急性肝炎並致肝癌；國外曾發生過大型動物喝了含有毒藻的水而死亡。而且微囊藻毒素具熱穩定性，加熱煮沸也不會被破壞，只有以活性碳吸附或臭氧等處理方式，才能破壞毒素。」

根據環保署二〇〇三年水庫年報統計，納入監測統計的五十五座水庫中，以卡爾森指數（Carlson trophic state index，ＣＴＳＩ）評估結果顯示，台灣本島水庫屬優養化程度者為新山、寶山、永和山、明德、仁義潭、蘭潭、白河、鏡面、澄清湖、鳳山及牡丹等十一座水庫；離島的三十三座水庫則均屬優養狀態。

學者指出，水庫優養化的成因，不外乎過量的營養鹽排入，像農業、遊憩行為都有可能排放過量營養鹽。例如德基水庫上游為梨山及環山部落，集水區內民宅、農舍、果園，尤以果園施灑之農藥、肥料，經過暴雨沖刷至水庫內，導致歷年來德基水庫的水質均呈現優養化的現象。再者，水庫水量交換率差，讓庫水停留時間過長，也會產生優養化現象。例如澄清湖水庫進水口與出水口距離短，水庫中的水形成短流交換率低；鯉魚潭水庫為備用水庫，自大安溪越域引用工程完成前，供水量低，致水庫中的水交換率低，停留時間長，都會造成優養化現象。第二，即新建水庫未有效清除草木，任由草木於庫底腐敗釋出營養鹽，非常容易造成營養鹽的過剩，例如南化水庫、鯉魚潭水庫都有此一現象。

由於水庫優養化汙染嚴重影響水庫的壽命，因此必須有效防治。

查報優養，有責無權

事實上，水庫優養化是整體環境保護不力的末端的「果」，追溯其「因」，汙染源甚廣，就以與水庫息息相關的河川水源來看，台灣有一一八條水系，其中二十四條河川水系提供民眾八五%生活用水水源，但根據行政院環保署二〇〇三年度河川水質監測站汙染程度資料顯示，未（稍）受汙染測站數佔三六・三%、輕度汙染測站數佔一一・一%、中度汙染測站數佔二九・六%、嚴重汙染測站數佔二三%。而汙染源包括了工業廢水、畜牧廢水、生活汙水等。

所以，河川整治就成了提升水庫水質避免優養化、保障水源區的首要工作，因此，在工業廢水、畜牧廢水與生活汙水的管制、取締、宣導，還有下水道工程等工作都得加強；除此之外，台灣因地形陡峻、地質脆弱、雨量集中，自然崩塌之沖蝕力大，再加上水源區過度的農林業開墾、畜牧飼養及觀光遊憩區闢建等，使得大量的泥沙與汙染物排入湖泊、水庫中，也是造成水庫淤積與優養化的原因。

本來，查報汙染是遏止水質惡化的方法之一，但是棘手的是，水源區的汙染查報單位有責無權，當有爭議的時候，尚須留待各縣市政府處理而未能結案，足見告發案件費事耗時，也讓防治工作常常緩不濟急。

對此，各界集思廣益，當時的環保署副署長張祖恩提出最佳管理作業（ＢＭＰＳ）的觀念，就可能的排放源或是產生優養化汙染對象，包括上游地區的施工活動，或是遊憩區，還包括工業區、社區及農業區等不同土地利用方式可能產生之非點源汙染，研訂非點源汙染防治最佳管理作業（ＢＭＰＳ）手冊，內容再細分為結構性及非結構性的控制措施。然後找幾個示範的地區做檢討，包括在南部成大委請一位教授針對新開發的校區，檢討將來的活動可能造成的點源汙染；還有走馬瀨農場有一些施肥、也有一些遊憩的汙染防治。我們把管理作業手冊提到的一些作法，在這些示範地區進一步的研究、證實。

另外，加強執行農藥使用管制、空瓶回收、垃圾清除處理與管制清潔劑適量使用，也是必要手段。

最後，監察院的專案調查報告也建議，地方政府宜設立環保警察，來貫徹公權力，將有效遏止汙染歪風。內政部雖已調配部分警力支援環保署執行跨縣市的環保警察工作，但是目前地方政府所屬環境保護局之環保人員並無專業警察身分，每當執行基層之查報與取締違規工作，迭遭暴力威脅、謾罵，嚴重損害公權力。以高屏溪流域管理委員會配屬專業警察後，以聯合稽查方式對違規行為查報、取締與維護水源已有卓著成效來看，足見配屬專業警察隊，的確是保護水源不可或缺的因素之一。

第3章

資源分享 共飲好水

二〇〇一年八月底，台北縣、市政府因爲「共飲翡翠水」而掀起水資源調配的爭端。短短一個月，兩個地方政府爲了搶水，從一樁爲民生著想的美意，變成口水上的交鋒，後來更升高成不同政黨互相角力的政治事件。

當年爲解決台北地區自來水長期性的民生用水水源，台北市政府選定了新店溪支流北勢溪下游興建一座水庫，預計建成後蓄水量將達四億六百萬立方公尺，可滿足大台北未來五十年的用水需求。一九七九年一月通過了這項開發計畫，也就是翡翠水庫的興建；一九八七年六月，施工八年的翡翠水庫終於落成。翡翠水庫供水區域涵蓋了台北市以及台北縣三重、新店、永和、中和四市及淡水、三芝等地區，直到直潭淨水場第五座淨水設備二〇〇四年七月啓用，翡翠水庫才能順利支援供水至北縣八里、五股、泰山、新莊、板橋、土城部分地區。北市、北縣共飲翡翠水庫用水的人口各達到二百六十一萬與二百一十萬人，成爲台北地區公共給水的長期水源。

第1節 共飲翡翠水，眞難！

二〇〇一年七月十九日，台北縣民引頸翹盼的共飲翡翠水庫原水計畫案終於出爐，台灣省自來水公司計畫分三個階段實施。共飲計畫第一階段工程，效益範圍包括中和市員山路以西、連城路以北二萬六千三百二十八戶，以及板橋市民生路為界以東六萬零八百一十戶，預定同年八月底先行通水。

第二階段板新地區供水一期改善計畫，預定二〇〇三年底完工，受益包括泰山、五股、八里、蘆洲、三重、中和全面改用翡翠原水，但樹林、鶯歌、三峽，以及板橋、新莊、土城部分，仍飲用大漢溪水源，而原大漢溪水源供應板新地區的水，將南調支援桃園地區。

第三階段板新地區供水二期改善計畫，供水量每日共一百萬立方公尺，預定二〇〇六年底完成，受益地區包括樹林、鶯歌、三峽及板橋、新莊、土城，從此全面改飲翡翠水庫原水，原大漢溪水源則改支援桃園地區。

本來執行力案出爐了，照著實施就行，沒想到其中暗藏玄機。

原因是省自來水公司認為，過去省水與北水（台北市自來水事業處）互動關係良好，買賣用水一通電話馬上ＯＫ，遂在未先行知會北水前，逕自提供初期工程的相關內容和效益給縣府，隨後台北縣政府興匆匆發布新聞，定於八月底提前通水，準備大肆宣傳。

沒想到卻引發遲遲被告知的台北市政府強烈反彈，尤其不滿「先斬後奏」，身為水權單位居然被視同充其量只是賣水的商人，當然嚥不下不受尊重的這一口氣，使得八月二十九日的通水典禮破局。

資源調配，碧水興波

通水典禮破局，最難過的就是渴望改飲翡翠水的板橋市民。

當板橋市長林鴻池一聽到通水暫時無望的消息，真是氣急敗壞：「改善飲水，是市民多年來的共同心願，我曾經為了這件事，特別去拜訪馬英九。當時馬市長一口答應『好水要與好朋友分享』，還指示北水事業處盡快了解翡翠水庫還有多少剩餘水量，以及板橋市到底需求多少給水量，沒想到才過了短短不到十天，劇本完全變了樣。」林鴻池氣憤地說：「本來資源共享是好事一件，也很單純，但是很遺憾的卻衍生波折。」

事實上，當年共飲翡翠水的爭議，有其時空背景因素。第一，共飲案是總統陳水扁的競選政見之一，當時又是縣市長的選舉年，台北縣長蘇貞昌急欲通水，有其考量因素；第二，共飲案牽涉區域資源分配，當時又正是北、高兩市為了統籌分配款的調整問題，吵得不可開交之時，所以共飲翡翠水才會變得如此複雜。

只是，一個民生議題擺在政治的氛圍下，倉卒間變成愈演愈烈的口水戰，結果一陣脣槍舌劍下來，反而將其間諸多有待嚴肅討論的課題給沖淡，甚至忽略。

關鍵在於，這場爭議揭開了長久以來區域發展失衡的現實。

換言之，相關問題的病灶由來已久，只是選在那個時間點同時發作而已。撇開其中政治權謀的操作，也姑且不論誰是誰非，但是有兩處盲點值得重視：

第一，爭議的事理部分幾乎全被掩蓋。台北市最後是以「水量不足，只能供應七天」的說法，面對通水的難題；而台北縣則說「能供應七天，為何不能供應七十天？」然而，翡翠水庫的水量夠不夠同時支應台北縣、市的需求，其實是個相當專業的問題，但整個爭議過程卻看不到太多信實、客觀的數據與推論。事實上精省之後，大台北地區的水源調度問題，本來就應回歸到以地理區劃為主要考量，而非以行政單位來劃分，這一切由原省自來水事業公司與市自來水處兩個單位透過專業研擬其實就可協調解決，何致要鬧到最高首長互批呢？

再者，突顯了相關部會協調能力的低落。水權的爭議原本就該由經濟部出面協調，但經濟部面對爭議卻使不上力。北縣市的飲翡翠水爭議是一直等到「水仗」打得實在不像話時，經濟部才出面仲裁，指出翡翠水庫水量確實不足，俟板新計畫二〇〇三年完工後調水問題即可解決，換言之，經濟部早知道如何解決，但為何不早一點出手呢？

如果區域資源配置的爭議，未來都循此案例的模式發展，無疑證明會鬧的縣市有糖吃，大家此後乾脆就全比角力、比口水算了。

大雨過後，竟然缺水

二〇〇四年艾利颱風導致大桃園地區缺水，也曾引起水資源區域調配的爭議。

艾利颱風不但風大，而且雨多，部分山區雨量甚至超過二千毫米，北部石門及翡翠兩大水庫還要連續洩洪好幾天；但是颱風過後，卻因原水濁度過高癱瘓了包括板新、大湳等五座淨水場，造成水庫有水、民眾卻無水可用的奇特景象，近二百萬北縣及桃園的民眾飽受缺水之苦。

颱風過後缺水的景象，並非第一次發生。同年七月二日才剛剛橫掃中部的敏督利颱風，也同樣因為鯉魚潭水庫水閘門無法升起，造成台中地區百萬人缺水十幾天的劫難；現在走在桃園大街小巷，一看到消防水車來，民眾二步當一步走，從樓上飛奔到樓下，生怕來慢了，水車會告訴你說：「對不起，已經沒有水了。」一走進超商，大桶的礦泉水一運到，立刻被搶個精光。缺水的戰爭在大雨之後仍不斷發生，令人難以置信。

台灣省自來水公司說，無法正常供水是因為石門水庫仍在洩洪，自來水淨水場取水口的濁度太高，超過淨水場能處理的範圍甚多，水廠幾乎掛掉了；但民眾不解的是，石門水庫與翡翠水庫同屬於淡水河流域集水區，為什麼翡翠水庫所屬的台北市自來水事業處就能正常供水，而一縣之隔的板新水廠、大湳水廠，卻無法供水。

更令人納悶的是，供應大台北地區的翡翠水庫，從颱風過後，就配合石門水庫放流量，開始洩洪與放水。每天有超過六百萬立方米的原水直接排入淡水河出海，而事實上，大台北地區一天用水量只有一百七十萬噸而已。這些比較乾淨濁度較低的原水，只要其中四分之一就近支援桃園地區，桃園及部分台北縣缺水的難題，就可迎刃而解。

從艾利風災事件中凸顯了台灣用水的調度，出現了極大的問題。以桃園缺水為例，翡翠水庫所屬新店溪集水區的原水，就無法支應到緊鄰的大漢溪流域的石門水庫集水區內，而從北到南，國內二十座主要自來水水庫集水區的供水也幾乎各自獨立，如果這些供水水庫能串聯起來，建立一個原水緊急調度網絡，不但區域可以調度，甚至南水也可北調，北水也可支援中部，這樣一來就不會讓桃園民眾一方面眼睜睜看著濁度較低的水流入大海，另方面卻要面臨無水可用的窘境。

第2節 水從哪裡來？

艾利颱風帶來超過一千公釐的雨量，但卻造成大桃園地區嚴重缺水問題；另一方面，翡翠水庫排放超過四百萬公噸原水，加上南勢溪，每天估計有上千萬公噸比較乾淨的原水，都隨著新店溪滾滾流入大海中。民眾不禁要問：難道台灣水資源系統真的無法建立相互支援系統嗎？

事實上，水資源調度系統早在李登輝總統任職時就已提出「南水北運」、「北水南運」，但是只要災情一過，大家就都忘了。

南北運水，災過就混

前水利署副署長吳憲雄就指出，在二〇〇一年至二〇〇三年桃竹地區大旱時，政府即計畫在台中以北地區建立清水聯通管網，可以做大區域水量調撥救急。其中包括擴建直潭第五淨水場可增加翡翠水庫供應板新地區水量，板新水廠可送桃北地區，桃北管路可通桃南地區。另為保護新竹地區穩定供水，特別鋪設了平鎮水廠到新竹第二淨水場的專管，每日可送十萬立方公尺水量。並由鯉魚潭水庫淨水場聯通到苗南地區，苗南地區亦設管通苗北竹南頭份地區，再由苗北永和山水庫東興淨水場設專管直通新竹，每天可送水十六萬立方公尺。

如果這一套系統能依既定計畫完成，桃園缺水時，就可以增加翡翠水庫供應板新的水量，桃園缺水問題就不至於如此惡化。然而這項調水計畫，最後並未完全執行。因為其中土城尖山抽水站未完成，造成板新水廠只能支援大湳水廠每天十萬公噸的水，另外，平鎮到新竹的管線也只能通一萬公噸而已，並無法調度十萬公噸。換句話說，水利單位所規畫的調度計畫，台灣省自來水公司根本就沒有確實執行，平時不燒香，一遇到災難來臨時，想要臨時抱佛腳，當然來不及。

除了省自來水公司問題外，台北自來水事業處的問題也不少。

淡水河流域內有新店溪、大漢溪及基隆河三大支流，翡翠水庫位於新店溪上游北勢溪，石門水庫則位於大漢溪上游，兩個水庫同屬於淡水河流域不同的支流，但地理位置可以說相當近，兩個水庫供水範圍也是一線之隔的台北市、台北縣、桃園縣等縣市，不過平日供水，卻是各有供水區域，互不相干，直至直潭淨水場第五座淨水設備今年七月啟用，翡翠水庫才能順利支援供水至北縣板橋等地，不過限於翡翠水庫原水有限，每日二七○萬噸已達供水極限，下游淨水設備亦以此做為標準，包括直潭、長興及公館等三座淨水場，即使設備全開、滿載供水，每日最多只能出水三百萬公噸。

雖然翡翠水庫平日原水有限，但若遇上颱風，翡翠水庫、新店溪流域水量充足，水質也較佳，但此次卻受限下游淨水場處理量不大，只能任由溪水滾滾而下，相當可惜。

前水利署長黃金山就表示，過去就一直希望台北市趕快把支援板新第二計畫提出來，將現行的五十三萬公噸水量增加至一○三萬公噸，但是台北市就是不提出來二期工程計畫。

台北市府雖然反對水再供應板新，但台北自來水事業處也表示，寧可自籌六億經費與建，不向中央要錢，也留下新淨水設備，為颱風過後可能出現的高濁度原水，預留台北市供水的緩衝空間。

台北自來水事業處表示，預計直潭第六座淨水設備可正常供水每日七十萬噸，滿載可出水近一百萬噸，必要時還是可以百分之百支援北縣用水。從北市府態度來看，說穿了，就是要掌握供水主動權，在確保台北市民用水無虞之後，再談支援問題。但如果翡翠水庫水質有了問題，石門水庫則也無法反向支援；因此未來必須建構由北縣可輸水至北市的清水管路，也是建構大台北緊急支援供水系統的一大課題。

水是國家資源，但碰到地方利益衝突時，也就成為政治角力場所。經過這一次水的震撼教育之後，如能落實執行建構水資源調度備援系統工程，才不會發生下一次缺水時再來事後檢討、事後承諾。

調度水源，建立機制

台灣年平均降雨量約二、五〇〇毫米，約為地球年平均降水量一、〇〇〇毫米的二．五倍，但是由於台灣地小人稠，每人每年平均降水分配量約為四、八〇〇噸，僅為世界平均值之七分之一左右，可見台灣地區的水資源利用有限；另外，台灣地區降雨量有七八％集中於五月至十月間，為滿足全年用水量，必須輔以跨縣市調度，方能達到調豐濟枯的目的。

水資源的調配問題，從共飲翡翠水與桃園缺水兩個案例來看，建立調度水源機制的指揮機關，顯然是問題所在。關於這方面，地方政府的心態是傾向由中央統一執行水源調度。在二〇〇二年的乾旱危機中，行政院便成立中央旱災應變中心，統一全國各主管機關的協調、調度各種水源，當時台北市、高雄市與桃園縣都是站在支持的立場。所以，為達到水資源「靈活調度」、「移緩救急」之功能，有必要建立中央統一調度水源機制，以解決區域性水資源調配利用問題。
一旦由中央統一調度水源機制，也可考慮建置區域水資源調配營運系統，這樣可使區域內水資源得以合理分配與最佳管理。做法是將台灣地區分為北、中、南三區水資源統籌營運管理系統，系統建置包括資料庫、即時傳送及通報系統、逕流測預報及水源供需模擬分析系統、水源調度作業程序枯旱預警作業系統、水資源營運管理決策支援系統等。
而跨縣市調度問題，除了統籌權責機關的主導外，很重要的一點就是自來水管網的連結，根據監察院的調查顯示，這部分尚未完成，也因為尚未全數連結，使得供水系統互相支援的能力不足。目前台北自來水事業處及台灣省自來水公司十二個營業區，各區處雖有供水幹線滿足區內配水問題，惟區域調度多採區域接力方式進行，例如新竹缺水，由桃園支援，桃園因支援所缺者，由台北加強供水，但是自來水事業為需水單位，涉及水源總體數量議題，則無法著力。
因此，加速完成自來水跨縣市管網連接工程是必要之道外，學者也建議依據天然地形、河川流域、供水系統、土地利用及產業發展等因素，劃分水利區，以全盤檢討規劃最佳水資源開發與分配。
另外，以整體性概念統籌各地面水及地下水水源之聯合運用，以地面水為主優先取用，地下水為輔，豐水期引用川流水並將餘水蓄存水庫及補注地下水，枯水期不足水量引用水庫水補足，地下水為枯旱年輔助水源，抽用量不得超過安全出水量，以互補之聯合運用方式，提升整體水資源的利用價值。

第3節 水環境的困境

台灣在二〇〇五年的全球環境永續指標（ＥＳＩ），排名倒數第二，在一百四十六個參與評比的國家中，僅高於北韓。在這份厚達四〇八頁的評估報告中，共蒐集了參與評比國家的七十六種參數，並將之分類衍化成二十一種指標，再將這二十一種指標歸納成五個環境永續性的構成要素，分別是：環境系統、降低環境壓力、降低人類脆弱性、社會與機構的能力，以及全球的環境管理。台灣除在「社會與機構的能力」一項及格外，其餘都不及格，其中在攸關環境品質的前三項中排名均為倒數，且「環境系統」為最後一名。

而台灣在二十一項指標分數中，有五項為倒數前三名，包括土地（受人類衝擊的程度）、水質、降低空氣汙染、降低水資源壓力、降低與環境有關的自然災害脆弱性；另有四項排名一百二十餘名，分別是水量、減少廢棄與消費的壓力、自然資源管理與生態效益（如能源效率、水力與再生能源的使用率）。

雖然要蒐集一百四十六個國家的所有資料並不容易，難免會有缺漏，因此評估團隊針對這問題所造成的不確定性做了考量，並盡量推估無法取得的資料。台灣的官方資料尚稱完整，僅有七種資料無法取得，因此台灣環境永續性，在全球各國中為後段班，應是不容否認的事實。而這些排名落後的指標，正確實反映了台灣環境所面臨的困境。

用水高風險的科學園區

其中最值得注意的就是指標相對落後的水資源部分。

長久以來北台灣仰賴甚深、全國最好用的石門水庫，在二〇〇四年艾利風災中湧進超過兩千萬噸泥沙，使得水庫壽命減少七年，各界才驚覺石門水庫負荷過高、以及台灣水資源調度及管理長期偏頗問題。而在缺水危機下，更突顯出台灣國土、水資源及產業政策的衝突，很多學者提出警告，若不及早面對，不僅產業可能沒水可用，台灣旱災將會愈來愈嚴重。

因此，水利署進行全面檢討，包括對於未來用水需求進行推估，發現未來十幾二十年，國內增加用水量是由科學園區、工業區所主導。

根據水利署針對水源水量、供水管線、水質、用水標的等因素進行綜合評鑑，結果北台灣的工業重鎮桃園地區都屬高風險，有四個高風險；新竹科學園區所在地的新竹地區也有兩個高風險；而正在建廠的中部科學園區所在的台中地區則有三個高風險，而南科所在的台南地區、高雄地區風險都偏高。

區。

簡單地說，桃園地區（含桃科）、新竹（含竹科）、台中（含中科）、高雄都會區等地區，都是未來用水高風險區域。而台北都會區、板新地區及台南地區（含南科）等為中風險區。

而更令人憂心的是，在目前水資源開發屢屢面臨群眾抗爭而無法進行，或是水資源高開發成本轉而墊高，如海淡、如工業水回收成本，使得每度水價格遠高於業者期望，在此情況下，如果任令地方政府不斷開發工業區，而中央政府對大型高耗水投資毫無限制照單全收的話，可能導致一個嚴重後果：水資源開發及供應，將跟不上產業需求。

以桃園地區為例，目前全數仰賴石門水庫的水源，石門水庫供水區內就涵蓋了新竹工業區及桃園縣境內八個工業區，在民生用水方面，不僅供應桃園地區，也供應板新地區水源，再加上農業用水，該地區全年供水量要達到九．五億噸的水才能滿足。「時報文教基金會」河川保護小組顧問李鴻源就說，一個艾利颱風就有超過兩千萬噸的泥沙進了水庫，估計還有兩倍，多達五千萬噸的泥沙仍停留在山下，萬一有大雨來，也會流進水庫，而桃園縣長朱立倫還積極對外招商，要打造桃園科技城，問題是，這些科技產業的水，要從哪裡來？

石門水庫顯然已經無力承擔。

另外，中部地區需求的增加更加快速。根據水利署的估計，台中地區（含中科）目前需求是一二〇萬噸／日，到了二〇一一年，因中部科學園區的開發，將快速增至一六三萬噸／

日。到了二〇一一年，再進一步增至一八五萬噸／日。

而台塑大煉鋼廠及中油石化中心同時要進駐的雲林離島工業園區的雲林地區，用水需求也成長驚人，目前雲林地區需求量僅五十四萬噸／日，但到二〇一一年，提高至一一四萬噸／日，增加了六十萬噸／日，這個增加量是全國最高的；二〇二一年再增加至一四六萬噸／日。

合計下來，中部地區目前需求量是二四八萬噸／日，供給量為二七八萬噸，供需比為一．一二；估計至二〇一一年時增加至四〇七萬噸／日，到二〇二一年時增至四七五萬噸／日，其中光是中科用水量，一天就要六十三萬噸。

因南科擴建，南部地區用水增加將集中在台南地區。目前台南地區需求是七十二萬噸／日，但二〇一一年時，需求將提高至一一五萬噸／日，二〇二一年將再達到一三三萬噸／日。

目前南部地區現況供水能力為三四二萬噸／日，可滿足目前需求量二八七萬噸／日（供需比約一．一九），估計至二〇二一年用水需求四三四萬噸／日，包括南科用水一天約要二十萬噸。

然而，新水源要從哪裡來？李鴻源就不客氣地批評，經濟部引進中油、台塑進駐雲林離島工業園區，「沒有水怎麼辦，逼死水利工程師也沒用！」

接受採訪的時報河川保護小組顧問們都認為，盱衡目前政經條件，新建水庫困難重重，甚至已無可行性，例如行政院已核定雲林湖山水庫，因八色鳥問題已延宕兩年。海水淡化也是替代方案之一，但是對工業界來說，目前自來水一度只有十二元，但海水淡化成本，一度是三十至三十五元之間，例如桃園縣長朱立倫目前積極招商桃園科學園區，在去年石門缺水後，水利署規畫以海淡廠因應，但如何讓業者接受一度高達二、三十元的水價？

水與台灣經濟發展息息相關，國民所得愈高，用水量也愈多，但台灣水資源仍屬有限，如何在確保經濟成長，而能讓用水效率提升，總用水量更因此下降則是解決這一場搶水大戰的關鍵戰略。

乾旱危機，時有所聞

台灣地區由於高嶺起伏且常受颱風及季風影響，降雨情況極為特殊且為世界有名的豪雨地區，台灣的降雨型態有季風雨、地形雨、熱雷雨、颱風雨與熱帶低氣壓雨等。平均降雨量雖約二、五〇〇毫米，但是空間分布非常不均。其降雨分布為距海越近降雨量越小，且年降雨量以北部區域最為豐沛，東部區域次之，南部區域又次之。如在東北部及山區降雨量最豐沛，其中花蓮溪及基隆河上游山區曾高達七、五〇〇至八、五〇〇毫米，而部分西海岸平地地區，則不及一、二〇〇毫米，澎湖地區更不達一、〇〇〇毫米。

除了空間分布不均外，時間的分布也不平均。以季節性來說，台灣每年五至十月為降雨集中之雨季，其降雨約佔全年之七八%。其中南部地區豐枯期的差距更大，雨季降雨量佔全年的九一%。

即使在豐水期，也會發生乾旱。一九九三年一月至梅雨期的降雨量並未偏低，降雨尚稱豐沛，但入夏以後（七至九月）的二十九次颱風均未直接登陸台灣，以致未能給台灣帶來豐沛雨量，據統計七至十二月的降雨量較歷年平均降雨量減少過半，導致台灣各地河川乾涸而發生乾旱。同時各水庫蓄水量，因無雨、氣溫偏高、蒸發量大增及未及時減供等因素，致使各水庫蓄水量銳減，導致乾旱情況異常嚴重。

最讓人記憶深刻的就是二〇〇二年發生的乾旱危機，該年的一至六月，台灣北部地區發生嚴重缺水，主係由於枯水期降雨偏少，一至四月降雨均比歷年偏低，尤其二、四月份降雨量約僅歷年平均值之四十%至十五%，顯示該年降雨量較歷年嚴重偏低。在雷馬遜颱風及娜克莉颱風豐沛的雨量滋潤下，為台灣北部區域帶來充足的水資源，台北、桃園地區才正式脫離缺水的陰霾。

調度水量，普查數據

台灣地區年平均降雨量為二、五〇〇毫米，但是雨量集中於五月到十月之豐水季，然而枯水季時卻有缺水之虞，一九九九年總用（供）水量一六八．七億噸，其中農業用水量一二〇．五二億噸、生活用水量（目前因無專用商業供水管線，因此生活用水包含部分商業用水，下同）三十．九五億噸、工業用水量（包含部分商業用水，下同）十七．二三億噸。依「台灣地區水資源開發綱領計畫」政策評估說明書，二〇二一年以後，台灣地區總用水量將以不超二〇〇億噸為原則，其分配數量為：農業用水量一一〇億噸、生活用水量三十五億噸、工業用水量三十億噸、保育用水量維持十五億噸；而水源來源則為河川取水九十億噸、水庫調節五十至五十五億噸、地下水四十五至五十億噸、多元化水源十億噸。

可見，農業用水一直是占國內用水之大宗，在週期性乾旱不可避免之下，如果能既不妨礙農業永續發展，又可確保農民權益原則，合理地轉移其他急迫性用水，對救旱有其正面功能。

其實在這方面的概念，產、官、學界是有共識的，但是要能靈活調度水量，必須全盤掌控農業用水之數量。問題就來了，中原大學土木工程系李錦地教授在專案諮詢會議中指出：「農業用水的水權占用最大數，現在隨著灌溉面積越來越減少、農地釋放及加入世界貿易組織，農業用水應該有水可以轉移給工業跟都市，但是我們一直不清楚每一個水利會的轄區究竟有多少水可以來轉移，這個部分一直沒有很深入的探討，只是一個概念認為可以轉移；還有，灌溉區的農地雖然看起來減少了，但因為我們的區位並不是順著灌溉系統來安排，上游的渠道經過工業區，下游還要灌溉，所以沒有減少。看起來中間一塊地減少了，但是事實上用水沒有減少。」

最重要的是河川水是否受到汙染？以台灣地區約五十條主、次要河川的汙染程度來說，這些河川下游河段未受汙染者占四六％，顯示主、次要河川下游河段半數以上都遭受到不同程度的汙染，因此農業用水如要採用河川水，水質的要求恐怕不能不考慮。

再來就是要將農業用水移為工業用水，這是政府單方面的想法，農民的意見並不見得會與政府一致，像就有部分農民認為，烏山頭水庫、石門水庫為農民、農民團體投資興建，工業團體並未投資，亦無水權，憑什麼農業用水要提供給工業使用？還有，農業用水可以轉移給工商、民生用途的水量數據是多少？

另外，有民眾質疑用水標的之優先順序。水利法第十八條規定：「用水標的之順序如下：一、家用及公共給水。二、農業用水。三、水力用水。四、工業用水。五、水運。六、其他用途。」因此，農業用水之位階優於工業用水，為法律所明定。

此外，黃勤鎮委員在調查水資源的專家諮詢會議上也曾經表示：「我們水資源利用，目前農業用水占最大宗，我想請教一點：台灣加入『世界貿易組織』（WTO）以後，農業生產種植面積，到目前為止，有多少的變動與影響？對於農業用水的需求量，目前或將來會影響到什麼樣的程度？因為農業用水占的比例最高，加入WTO以後，這一方面用水需求量有所變動的話，也可以作為將來水調配使用的參考。」

但是二〇〇二年的這場乾旱，部分農業、工業與商業對於水源優先分配順序，都有不同意見，究竟農業、工業與商業需水量是多少？也沒有比較正確的普查數據可資應用，因此不免衍生後來許多水源調配的爭議。因此，水利法對用水優先順序是否合時、合宜、合理，都有待進一步修法解決。

第4章

合理開發　飲水無虞

一九九九年的十一月底，新竹市和苗栗縣交界的南港里，登上全國媒體版面，因爲里內多達三十多人感染了不知名的怪病，雙腳疼痛難耐，病情嚴重者甚至無法走路，連醫師也查不出病因。

由於該里的自來水普及率只有六成，兩百三十多戶里民長期飲用地下水，因此當地居民懷疑是地下水遭汙染，才發生這種疑似痛風及烏腳病的怪病，希望醫政及環保單位出面協助查出禍首，並對罹病居民對症下藥。

根據里長林英男指出，罹患怪病的里民中，病史最長的有十多年之久，由於病徵像極了痛風，也和烏腳病的症狀吻合，只是醫生始終無法對症下藥，里民只能就近向西藥房購買止痛成藥服用，減少發病時的疼痛感。

後來經過衛生署疾病管制局等單位積極診斷、調查與檢驗，證實並非烏腳病，或其他流行傳染病，但是環保單位卻發現南港里民飲用的地下水井水質的汞含量，超過飲用水標準，由於汞對人體傷害極大，在日本曾造成「水俁病」，也就是國內俗稱的「痛痛病」。因此，再度喚起民眾對地下水汙染的重視。

第1節 烏腳病的疑惑

林秋文是南港里的前任里長，幾年前發現雙腿肌肉開始出現萎縮現象，兩腳浮腫，手背及小腿皮膚呈現紫紅色，訪遍群醫，都束手無策，只能靠止痛藥來減緩疼痛。

南港里之所以自來水普及率僅達六成，主要原因是埋設管線的成本太高，想申請安裝的用戶，無法負擔龐大安裝費用。但是尚無自來水可用的四成里民，當時因為怪病的陰霾揮之不去，只好在自家中安裝濾水器，但濾過的水，不是顏色很怪，就是有怪味，儘管煮沸過，喝起來還是心裡毛毛的。

「我們這個里因為緊靠著苗栗縣，剛好是縣市交界的三不管地帶，周邊有三十幾家的傳統工業工廠，他們排放的汙水相當嚴重。」里長林英男表示，里民都懷疑附近的鹽水溪遭到汙染，「因為其中有一家紡織廠排放出來的廢水是黑色的，而且會起泡泡，有可能汙染了地下水源。」林英男說。

「我們曾經抗議過，可是沒有用。」里長家裡泡茶的人很多，大家七嘴八舌的「爆料」：「那家工廠剛好在竹苗交界的三不管地帶，廢水卻是流向新竹市，但是市政府好像也沒有去取締過。」里民王先生接著說：「還有啊，地方上有人把農田挖大洞，賣給倒廢棄垃圾的，這種缺德的做法，也有可能汙染了地下水，才發生怪病。」

林英男大嘆：「人心開始恐慌啦！」後來里民們受不了了，在怪病還沒渲染開來的時候，將自家的地下水裝瓶採樣，送到里長家裡，希望衛生局檢驗，只是水送檢了，卻從來也沒有醫政單位前來關切過。

由於怪病的傳言四起，引起媒體的注意，大家都因為五〇年代轟動一時的「烏腳病」可能再度出現，而驚恐不已。

工廠排汙，疑為元兇

南港里爆發大規模「怪病」的消息登上全國新聞的版面，新竹市衛生局及國軍新竹醫院的醫檢人員，馬上就到該里查訪，並對十位疑似病患採取尿液送驗。

當天下午，衛生署特別委請國內知名烏腳病專家郭育良博士進行病患診療，同時疾病管制局也派出流行病學醫師季達等人，到南港里的周邊了解環境、地形。經過一個下午的診斷，郭、季兩人初步做成討論結果，認為南港里居民感染的非屬病原性傳染病，至於民眾最關心的是不是烏腳病？兩位專家都認為烏腳病的病程很長，目前看來初步的症狀並不符合，但是他們會將蒐集好的調查資料帶回了解及評估。

「雖然現在看起來不像是烏腳病，不過在我訪查診斷的過程中，發現這裡（南港里）的居民，居然還有一百多戶仍是飲用鹽水港溪邊的地下水，這點值得有關單位注意。」郭育良憂心的表示。

「因為我來之前，特別對周邊環境做了一些觀察。」郭育良說：「我發現鹽水港溪畔，除了有台元紡織廠外，還有貝民化學廠、國產水泥廠、陶磁石英廠、石膏廠、鋼鐵廠，有這麼多大型工廠林立，又是生產頗具爭議的重排汙產品，這一定會影響到地下水品質。」

南港里里長林英男在一旁附和說：「你們（郭、季）沒來之前，我就跟媒體說過了，其實住在這裡，除了工廠排放汙水讓住戶受不了之外，還不時會看見有外地的車隊，利用黑夜偷運垃圾到附近傾倒，這些都是住戶揮之不去的夢魘，我們都很希望相關主管單位，加強工廠排放汙水的稽查。」

北門夢魘，膽戰心驚

為何民眾聞「烏腳病」而色變?

烏腳病是一種地區流行性下肢周邊血管疾病，盛行於台灣西南沿海特別是北門、學甲、布袋、義竹等鄉鎮。早在日治時期一九二〇年即有零星案例，稱為「自發性脫疽症」。惟當時患者不多、醫療設施落後，並沒有引起注意。直至戰後一九五四年才由高聰明、高上榮兩位學者，以「特發性脫疽」發表於醫學雜誌。

由於北門等四鄉鎮彼此毗鄰，且皆位於急水溪出海口附近，其土壤帶有甚高的鹽。因此淺層井水質過鹹不適合飲用。當地居民遂掘深井，引進一種以粗徑竹筒連接打入地下約深度一百至兩百公尺，汲取低鹽分的深層地河水飲用。然而，此種深井水經研究發現，砷含量竟高達〇．四至〇．六PPM，遠超過國家標準的〇．〇〇五PPM以下。

曾經獲得第七屆醫療奉獻獎的「烏腳病之父」王金河醫師，已經高齡九十三歲了，談起診治烏腳病患過程仍記憶猶新。「我小時候就知道有烏腳病，我們稱為『烏乾蛇』。」王金河畢業於日本東京醫科大學，畢業後在日本行醫兩年，因母親病危返回故鄉台南縣北門鄉，因太平洋戰爭日趨激烈，於是選擇在故鄉開業。

「五〇年代，烏腳病的患者愈來愈多，」王老醫師很吃力的回憶，「我看這個病，前後有差不多三十多年。」根據王金河的形容，在這段期間，摸過不下三、四千雙烏腳病患者的腳，不論是流膿發臭，甚至從患處爬出令人作嘔的蛆蟲，他在診療時也面不改色，親自幫患者挑出蛆蟲。

王金河年輕時在北門鄉開的診所，上午幫一般病患看診，下午免費幫烏腳病患治療，雖從事人人稱羨的醫師工作，直到退休，他仍兩袖清風。「我本來就覺得賺少一點沒有關係，能夠減輕病患，尤其是烏腳病患者的痛苦及負擔，遠比他自己有沒有賺錢更重要。」王老醫師說，他篤信基督教，與基督教芥菜種會合作，提供烏腳病患完整醫療服務，當烏腳病流行高峰期時，最多曾有八十人同時住院。

烏腳病發生的原因，經過一些學者的研究發現，可能是因為過去在這些鄉鎮飲用的深井水含砷過量引起慢性砷中毒所造成，若干年後，另外有學者提出是因為井水中的螢光物質及腐植酸過量所引起，然而真正的原因至今仍然不明，尚待作進一步的研究探討。

烏腳病的病徵是在患肢末端的皮膚產生烏黑的顏色變化漸向患肢上部蔓延，發病初期患部因末梢血管栓塞、血流量減少致使患部皮膚變為蒼白，然後變為紫紅色，最後變成黑色。在患病期間會出現麻感、發冷、間歇性跛行等症狀，最後患部會因外傷而產生潰爛、壞疽，若繼續惡化患肢常會自動脫落，烏腳病最可怕的特色是當患肢自動脫落或被切除後，仍會繼續惡化。

由於烏腳病很早就確定為井水含砷過高有關，隨著自來水普及後病患已大幅減少。

然而，就在大家逐漸淡忘了烏腳病的悲鳴時，專家卻再度提出預警；烏腳病雖已少見，威脅仍在，而且有全球化發展的趨勢。國科會主委陳建仁便指出，由於河川汙染，水源日漸枯竭，各國均逐漸轉往地下尋求水源；像亞洲的大陸、菲律賓、蒙古、東歐的羅馬尼亞、南美的智利、阿根廷、墨西哥等國，均正值經濟起飛時期，工業汙染河川，居民只有改抽地下水飲用，結果都造成近年來砷中毒案例頻傳。

以往台灣的病患病情嚴重者，只有以截肢方式來遏阻病況蔓延，否則一定威脅生命，但後來飲用水完全採用自來水後，下一代即不再發生過，「因此，如果新竹市南港里的怪病，經檢驗證實是烏腳病的話，唯一根治方式就是飲用自來水的普及。」王金河說。

非烏腳病，虛驚一場

新竹市環保局稍後也到場採取南港里的地下水送驗，以了解水質中是否有三氧化砷成分存在；根據環保局指出，過去五年內該局均按時抽驗該區的地下水，三氧化砷的安全範圍是萬分之五PPM但該區地下水中的含三氧化砷均未超過萬分之一．五PPM超過安全範圍。不過為了小心起見，環保局還是將抽驗的步驟做好。

根據醫檢人員指出，包括鐵、鉛、銅之煉製或油漆業、玻璃業、電池業的製造過程中均會產生含有三氧化砷成分的廢水，若滲入地下水中民眾又長期飲用時，即可能造成三氧化砷中毒，而三氧化砷又是引起烏腳病的主因。

半個月後，關於怪病的化驗報告公布檢驗結果：「尿酸、腎功能與肝功能僅些微超過正常值。」衛生署疾病管制局解釋里民罹患的應該只是單純鬱血性皮膚炎，主要肇因是下肢靜脈血液無法回流至心臟，導致下肢水腫，上皮組織會出現褐、黑色的皮膚病變，患者大都是以上了年齡者居多，而部分患者所稱關節酸痛，則應為尿酸偏高所引起。

至此，新竹市南港里居民一度疑為感染烏腳病的傳聞，證實只是虛驚一場，但是風波卻並未就此落幕。因為幾天之後，地下水重金屬成分的檢測報告出爐，雖然都在安全範圍之內。不過，環保局承認，光是這樣的檢測並不夠，「我們發現鹽水港溪畔有幾家農藥化學廠，將無法處理的化學汙水高壓回打地底，所以檢測地下水層的水脈，可能才能發現問題所在。」

含汞量高，有害人體

環保局的懷疑並非多慮，在後來針對南港里民平常飲用的地下水井水質的汞含量檢測，發現高達〇．〇〇三七（MGL），超過〇．〇〇〇二（MGL）的飲用水標準甚多，由於汞對人體傷害極大，南港里二十餘名住戶的罹患下肢疼痛怪病，是否與此有關，環保局不排除可能性。

新竹市南港里約有居民一千一百五十人，自來水普及率只有百分之六十，也就是說，還有將近一半的住戶還在飲用鹽水港溪畔的地下井水，而鹽水港溪沿岸重汙工廠林立，長久以來這些工廠因地處新竹市的邊陲地帶，幾乎未曾受到監測管制，怪病風波的發生，其來有自。

「當初衛生署的化驗報告當中，並沒有我們人體血液重金屬的含量報告，所以我們也不知道體內的含汞量是多少，與這個怪病有沒有關聯？就更不知道了。」南港里的里民一聽到飲用的地下水含汞量超出標準，就很氣憤衛生署檢驗報告只做了一半。

根據環保署所公佈的飲用水水質項目對人體健康的影響及其現行標準，其中針對重金屬汞這一項特別強調，汞對人體健康傷害極大，在日本曾造成「水俁病」，也就是國內俗稱的「痛痛病」。

七年過去了，南港里當年一場怪病，全國聞之色變，雖然烏腳病並沒有在當地復發，卻重新喚起國人對地下水汙染的重視，也有助於台灣水資源的開發與管理。

第2節 無解的RCA事件

二〇〇一年四月二十九日，國際工殤日的午後，一長串的人龍出現在桃園原RCA（美國無線電公司）的廠區，四百多人，每人的手上都有一朵白玫瑰，在燠熱、空曠的灰色土地上，格外顯得刺眼。

這些人都是原RCA廠的老員工，這一天他們重返傷心地，沒有別的原因，就是為了追悼這幾年來，因為得了癌症而陸續死亡的同事。

安魂曲在無邊際的空間低盪，許多人掩面哭泣。

人龍繞著廠區一周，每個人都清楚地記得當年上班的情況，廠房、餐廳、宿舍、郵局，往事歷歷在目，只是許多當年一起上班的好姊妹、好同事，有些人因癌症提早一步走了，甚至臨死都不知道是因為在RCA上班，才會得癌症早逝。

大夥人經過餐廳時特別感慨，因為如今才想通為何當年外籍主管都喝價值昂貴的礦泉水，而且幾乎都不會與員工一起用餐，因為他們知道地下水早就被自己工廠的重金屬廢水汙染。

罔顧員工性命的RCA

RCA是在一九七〇年到台灣桃園、八德交界處設廠，一九九二年停產關廠，這段時間雇用的台灣員工多達兩、三萬人，當時到外商公司上班因待遇好，是許多人眼中的好工作，沒想到工廠的汙染卻是造成日後許多員工罹患癌症的原因。

一九九四年經人檢舉，爆發了RCA廠嚴重公害汙染問題，經環保署調查，發現RCA廠多年來都直接將未經處理的有機溶劑，任意傾倒在廠內，造成廠址土壤、水源破壞殆盡，離廠區兩公里遠的地下水也含有過量的三氯乙烯、四氯乙烯（註），超出正常標準一千倍。

汙染事件曝光後，RCA曾在一九九六年進行廠區土地和水源汙染調查，但是RCA為了將土地賣給長億公司，雖然花了兩億元進行地下水、土壤整治工作，卻罔顧罹癌員工逐年增加，每年都有人因癌症過世的事實。一九九九年，RCA罹癌員工組成自救會抗爭，到二〇〇七年為止，已經有八年的時間，事件未曾落幕。

「我十八歲進入這家美商（RCA）工作，當年以為美夢成真，不料竟成了噩夢的開始。我們夫妻十多年在同一間工廠工作，結果代價是我罹患了皮膚腫瘤，太太罹患了子宮頸癌，還產下一個死胎。」RCA員工自救會理事吳志剛低訴著自己的遭遇，二〇〇二年六月，他曾經隨著自救會成員及「工作傷害協會」（簡稱「工傷協會」）代表到美國，與美國工會團體、環保組織會面，說明RCA在台灣造成的水土汙染及員工災病等事實。「我從小就想到美國看看，進入美商RCA時，有很多人羨慕我，那是我第一次去美國，沒想到首次的新大陸之旅，卻是為了討公道。」

一旁的自救會成員說：「我是在密閉廠房內工作，有一回，小麻雀飛入廠中，一進來就變得反應遲緩，再也飛不動，有女工輕易用手抓住麻雀，放在強力膠（用來黏封電視機機背標籤等）旁，不一會兒，麻雀竟然死了，當時我們還覺得好奇，暗笑這隻小鳥太遜。現在才知道那是警訊，就好像環保署拿金絲雀測毒一樣。」

「我們當初與美方人士晤面時，曾經舉出許多例證說明RCA當年有心為惡，員工則渾然不知。」吳志剛說：「當年RCA的員工使用各種化學溶劑清洗零組件時，並不知道溶劑含有劇毒，事前沒有防護設施，事後則直接傾倒在廠內，所以方圓兩公里的地區已經全遭汙染，汙染深度則達五十公尺。」

「還有，當時RCA的美籍高級主管的用水是另一套系統，從不碰觸地下水，飲用則為礦泉水，理由是洋人對台灣的水質不習慣。我們當時不以為意，照舊在密閉廠房內工作、進餐，直到多年後才恍然大悟。」吳志剛愈說愈氣憤：「那時我的心目中，RCA就像IBM一樣，不單是美國公司，更是美國的象徵，我相信很多同事都以進入RCA工作為榮，沒想到最後竟然付出這麼慘重的代價，據我了解，長期在RCA服務的員工，一聽說後來事情爆發（指汙染事件），又有許多人死得不明不白，現在很多人都生活在恐懼中。」

辛苦半生，罹癌往生

「如果媽媽沒過世，現在應該是她享福的年紀。」曉珊回想起往事，就悲從中來：「老媽辛苦了一輩子，好不容易將我和哥哥拉拔長大，正準備含飴弄孫之際，怎知一場肝腫瘤，就這樣奪去了她的生命。」

「發現肝癌時，媽媽的腫瘤已經九公分大了，治療期間她體重掉得很快，胃出血、吐血、無法起身，只能每天提著尿袋，生活相當痛苦。最讓我無法接受的是，母親從診斷出腫瘤到過世竟才短短兩個月，我們還不知如何反應，就要忙著處理後事，我現在想起來，都還無法接受。」曉珊說。

「媽媽是在二〇〇〇年過世，她在RCA工作了十多年，一直到關廠，才換了新工作。」曉珊說：「媽媽回到家裡常說，她的同事都覺得水的味道怪怪的，因此，媽媽總是帶著茶葉到工廠泡茶，用茶香來蓋過怪味。」一直到多年後，媽媽看到RCA非法傾倒有毒廢料的報導，才跟我說，她猜那大概就是問題的來源。

「我最氣的就是政府的態度，我們都是小老百姓，沒錢也沒權，很多RCA的老員工得病，卻要自己面對這麼大的跨國集團，而RCA的股份一轉再轉，我們連要打官司都不知道要對誰打，政府卻態度曖昧，真的很氣人！」曉珊說，求償行動已經拖了七年，只希望政府趕快行動，幫助他們這群弱勢的職業災害勞工與親屬。

「媽媽已經過世七年，而我也當媽媽了。我常想著她、念著她，想著為人母的心情，我很想報答她的恩情，但是，我摯愛的媽媽已經不在人世了。」曉珊難過地說。

綠色矽島，染黑蒙塵

已離職多年的員工陸續傳出罹患肝癌、肺癌、大腸癌、胃癌、骨癌、鼻咽癌、淋巴癌、乳癌、腫瘤等職業性癌症，已證實至少有一、〇五九人罹患癌症，二一六人癌症死亡，一〇二人罹患各式腫瘤。專家指出，RCA員工的罹癌率為一般人的二十至一百倍！

然而，當初RCA工廠中使用的製程、原料等重要文件資料已經被銷毀，證據取得不易。勞委會安全衛生研究所的實驗室中無法重建當年工作現場，連續做了三年的研究就是無法提出職業致癌的有力證據。嚴苛的職業病認定標準要求找出直接致病因子，讓RCA員工經歷了一次又一次職業醫學的白老鼠之後，仍無法從「專家」高貴的實驗中取得致病的有力證明。

後來，RCA在環保署的壓力下曾於一九九六年進行桃園廠區土地、水源的汙染調查，且花費二億多台幣進行土壤整治；然而，罹癌員工逐年增加，每年都有人因癌症過世，卻至今未得到任何職災補償。老員工們忿忿不平：「人不如土！」

一九七二年爆發的美商淡水飛歌電子廠集體職災事件，造成多名女工傷亡，導因正是三氯乙烯！這是國際著名的台灣工人暴死案件，至今仍是職業醫學教科書典型的案例。

因此，RCA員工「用過即丟」的命運，是整個台灣七〇年代電子業勞工處境的縮影，也是地下水汙染的典型案例。

註：三氯乙烯、四氯乙烯等有機汙染物，在科學上稱之爲DNAPL（比重大於水且不太溶於水），意即很難清除，易形成永久性汙染，屬「有機溶劑」的一種，具揮發性，常使用於電子工業、乾洗業、航太業等。對人體的危害，則藉吸入、接觸、飲用等途徑。目前三氯乙烯、四氯乙烯已被國際癌症研究局（IRAC）歸類爲極可能人體致癌物，且四氯乙烯已被證明對動物具致癌性。在高濃度暴露中，會有頭痛、暈眩、噁心、心悸亢進、失眠等症狀出現。在慢性暴露時，則會對肝、腎等臟器及神經、血液方面造成損害，與各式癌症的關聯，仍持續研究當中。

第3節　地下水開發不易

地下水怎麼來的呢？

主要的來源，是從地面上滲下去的水。例如，下雨或是下雪，這些水一部分從地面流走了，一部分蒸發到天空去了，另一部分就滲到地底下去了。因此降水多的地區，地下水往往也比較豐富。

沙漠地帶很少下雨，但是在不少的沙漠中，地下水也很豐富。在有些國家的沙漠中就發現了一些地下水，它的水量足以使那裡的「不毛之地」變成豐饒的農場。這許多水是從哪裡來的呢？科學家認為，其中一個重要的來源，是一些河流從別處把水帶了來，滲到了沙漠裡。另外像沙漠裡的夜晚很冷，空氣裡的水蒸氣在夜晚變涼的時候，會附在沙粒上凝成水滴，也會滲到地底下去。

開發地下水，目前已經成為世界各國開發水源的主要手段之一，例如荷蘭有九九％的供水便是來自地下水，而英國也約有八成的比例。馬來西亞長期苦於缺水，而該國大約九九％的供水來自河流，卻只有一％來自地下水。因此大馬政府在二〇〇七年三月宣布，研究開發地下水做為新水源的可能性。

台灣的地下水資源頗為豐富，尤其在台北盆地、濁水溪沖積扇、屏東平原與宜蘭平原等地。然近年來因人口增加，經濟快速成長，社會結構驟變，生活品質要求提升，致需水量激增，地表水源不敷應付。而地下水則因開發成本較低，取用方便，且水質水量穩定，故各標的用水競相開發。

以鑿井來說，早在明清之際即有寬口集水井及竹管自流井開設。日治時代，台灣製糖株式會社為了屏東縣萬隆和大響營農場蔗田之灌溉，於一九二三和一九二五年，分別於林邊溪支流來社溪河床下構築集水廊道，汲取伏流之地下水，每年供水各約三千萬立方公尺，是台灣地區地下水資源開發史上重大事件。迄今，這兩座集水廊道仍由台糖公司維護及運用中。

民眾抗爭，開發不易

地下水源可補地面水之不足，兩者聯合運用，可以使有限水量加以調配。但是目前開發地下水，多會碰到幾個瓶頸，最常見到的，就是民眾的反對。

之前擔任過台灣省自來水協會秘書長的劉家堯在專案諮詢會議指出：「開發地下水源其實非常困難，即使想打一口井都會遭到強烈反對，像屏東縣本來有九口深井供水給高雄使用，蘇貞昌當縣長時把這九口深井全部關掉，里港的地下水非常豐富，宜蘭也是，但是沒辦法抽；不僅如此，像彰化地區沒有其他的水源，小小的地方要用水，但是民眾卻反對打井！另外，像高雄拷潭、大寮這些地方，以前都是利用大寮的地下水，那個水抽起來都是除鐵、除錳之後就可以送出去了，就因為地方反對而關掉許多，以前每日抽取十六萬八千噸，後來剩下三萬噸。」足見民眾的反對，成為地下水開發之阻力之一。

再來，就是地下水超限利用的問題。

超限使用，國土淪陷

在陸海交界的海岸地區，較重的海水與企圖外流入海的地下淡水源原保持著一定程度的介面平衡關係。然而，由於地下水經鑿井抽取，當抽取速率超過原先該地區天然的地下水補注率時，地下水介面先前所維持的平衡破壞，於是海水乃往內陸推進，構成新的平衡介面，這種海水向地下內陸推進的現象即可稱其為「海水入侵」。

因海水入侵所引起的頭一樁惡效即是土壤的鹽化，另外，地下水的抽超，經年累月後往往由飽和層的下降而引起上方土地的落陷，稱為「地層下陷」現象。

土壤鹽化與地層下陷在全球屬砂質海岸區皆極為普遍，是當今全球水環境危機之一。這危機亦代表因全球水荒而造成長期以來濫採地下水資源的後果。

台灣居民，尤其西南部地區沿海居民，特別受地層下陷與海水入侵所肇致的土壤鹽化之害。其原因自然是七〇年代末期起，在幾無管制狀況的情形下，沿海養殖業日夜不斷汲取地下水水源所造成的。如今部分地區因地層下陷所引起的所謂「國土淪陷」早已成為居民生活上的經常性噩夢，而沈淪的土地仍繼續在向內擴張與加深之中。

由於使用地下水成本較地面水成本便宜，部分養殖業大量抽取地下水使用，使得雲林、嘉義、台南、屏東等縣之地下水源日漸減少；根據統計，台灣地區每年需水量約為一九〇億立方公尺，地面水不足部分則藉抽取地下水補充，地下水每年使用量達七十億立方公尺，已超過自然補注量四十億立方公尺，顯見台灣地區地下水已遭過度使用。

超抽地下小的背後每有伏因，其一是因平日更容易取得的地面水因匱乏或因品質欠佳之故。台灣與全球其他許多地面水水源豐富，但卻因質地日趨惡劣而無法採用的情況十分相似，以致每設於河川下游地區的漁場、工廠，甚至居民聚落本身，皆非得汲用汙染狀況不嚴重的井水為其生產與生活用水水源。

一般而言，人類生活汙水、工廠廢水以及農地排水每各有其汙染特質，惟一旦流進河川，若僅藉河川之天然自淨能耐，就人口密度高或活動頻繁地區言，常無力應對，於焉就正如台灣西海岸地區現在的情況，幾乎每條河川皆自流入人煙稠密區起，即成為所謂的臭水溝。而正也如此，地面水因水質過於惡劣，用水戶只有鑿井取水了。

工業汙染，水源殺手

人類發展難免造成環境的汙染，隨著工業化後，汙染的嚴重程度更形加劇。全世界有許多超過百年的汙染地，例如位於捷克首都布拉格北方的司布納拉（Spolana）化學工廠，一八九八年建廠後歷經兩次世界大戰，並曾生產除草劑供應美國用於越戰，數十年來衍生出許多廢棄物與伴隨的汙染，目前仍持續在整治中。又如二〇〇〇年奧運的主辦地——雪梨宏布許灣（Homebush Bay），前身為一百年的垃圾場，主建築群所在的土壤雖已整治完畢，改頭換面轟轟烈烈地舉辦過奧運，但周圍的水體仍在整治中，被汙染的水域仍禁止捕魚。

一九九三年起，環保單位為了監測地下水的水質，台灣省環境保護處建立「台灣省地下水水質監測站網」，在主要地下水區設四百多口監測井。二〇〇一年三月立法院將原「土壤汙染整治法」修正為「土壤及地下水汙染整治法」，並由環保署在同年十月十七日公告施行細則，由政府向石化及農藥等相關產業製造者及輸入者，徵收土壤及地下水汙染製造費，以為未來無主的汙染場址整治基金，預計籌措約新台幣兩百億元。二〇〇四年三月環保署首批公告「土壤及地下水汙染整治場址」共有三地，分別是台南縣的「中石化安順廠」、高雄縣的「中油高雄煉油廠P37油槽區」及桃園縣的「RCA廠」。

二〇〇五年，環保署再度調查有高汙染之虞的廢棄工廠，發現中南部有五處場址的土壤或地下水遭到嚴重汙染，「中石化前鎮廠」土壤汞含量為管制標準的五八〇倍，彰化「台灣三笠化工」土壤所含鉻也超過標準二〇八倍，都創歷史新高。另外三處則分別是高雄硫酸錏公司、台氯高雄廠，與高雄縣和鉦金屬工業。

曾是我國土要肥料生產公司之一的高雄硫酸錏公司在二〇〇四年公告註銷，但土壤中的砷、鉻和總石油碳氫化合物都超過管制標準，其中會導致烏腳病的砷含量約為標準的十五倍。

台氯高雄廠是地下水遭汙染，以氯乙烯最為嚴重，已達標準值一〇四倍。彰化台灣三笠化工為農藥加工廠，五十八年設立、八十九年註銷工廠登記，其土壤中鉻含量竟為標準值二〇八倍，銅和鎳也都超量。環保人員懷疑，土壤受汙染不可能如此高含量，研判可能是直接掩埋鉻汙泥混雜所致。高雄縣和鉦金屬則是土壤中銅和鋅都超量。

汙染場址，原形畢露

環保署曾經在二〇〇一年執行過一個「地下水潛在汙染源調查計畫」，分別篩選出十九座及六座具有高汙染可能性的加油站及大型石化儲槽，進行土壤及地下水汙染查證，結果發現「桃園縣桃鶯加油站」土壤中總石油碳氫化合物、苯、甲苯、乙苯、二甲苯均超過土壤汙染管制標準、以及地下水中苯與甲苯含量超過地下水管制標準；「台南縣永華加油站」及「高雄縣大旗楠加油站」的地下水中苯超過地下水汙染管制標準，加上已於同年（二〇〇一年）二月十八日公告為地下水汙染控制場址的「彰化縣西門加油站」，共計確認有四座加油站之土壤或地下水超過管制標準，其餘十五座加油站之土壤及地下水汙染物濃度並未超過管制標準。在大型石化儲槽之土壤及地下水調查方面，結果顯示，「中油高雄煉油廠」、「國喬石化高雄廠」、「中油林園石化廠」、「台灣苯乙烯公司高雄廠」地下水中苯超過地下水汙染管制標準，「台塑公司林園廠」則是地下水中氯乙烯濃度超過地下水汙染管制標準，該署共計確認五家具有大型儲槽之石化公司之地下水超過管制標準。可見地下水遭受汙染，已經成為水源開發受限的一大問題。

最後就是地下水資源基本資料不足，影響水源開發與調配工作的有效性。

台灣地區主要地下水含水層分布於「未膠結而鬆散的沖積層」中，由於地下水出水穩定，若以合理方式與地面水聯合運用，可以發揮水源調配功能，欲達此目的，須賴以正確的基本資料。但是目前地下水基礎資料並不完備，例如，養殖業者、農、工商、一般民眾使用地下水數量為何？透水面積增、減為何？民井抽用地下水數量為何？「安全出水量」為何？這些都將影響水源開發與調配工作的有效性。

推動補注，加強執法

二〇〇六年，美國傳出菠菜遭汙染事件，造成全美二十一州總計一百十四人感染。由於這批毒菠菜也賣到台灣來，影響所及不僅商品全面下架，還嚇壞了許多國內購買民眾。毒菠菜汙染源可能是灌溉的加州地下水遭受汙染所致。未來不論是淨化用水、環境汙染控制都將更受重視。

在地下水日漸減少的情況下，加上部分地下水遭受汙染，影響其合理用途，為使地下水得以永續利用，先進國家已辦理地下水補注。台北市水利技師公會曾經提出警訊：「雲林、嘉南、屏東三人平原每年超抽約三座曾文水庫的量，差不多是二十一億噸的量。南部對地下水已經過度的依賴，地下水是救命的水源，但是這個救命的水源，正逐漸降低。」針對此，有許多學者建議，人工地下水補注與回用，是符合環保考量的一種技術。因此，推動地下水補注有其迫切性，應該加速辦理。

另外，加強執行「土壤及地下水汙染整治法」，與持續推動「地層下陷防治執行方案」，來合理解決地下水超限利用，並化解民眾質疑，對紓緩地層下陷與乾旱時期合理利用地下水有其功能。

至於地下小基礎資料不足部分，當務之急，唯有經過科學方法的正確數據，才能減少民眾疑慮。中原人學土木工程系李錦地教授在專案諮詢會議指出：「地下水區域性的存量並沒有具體的數據來評估可開發的水量，所以我們還要繼續努力去了解，現在我們比較清楚的是濁水溪下游跟高屏溪下游的地下水，所以屏東不用自來水，因為地下水豐富！我們不要把地下水弄成一個人的開發計畫，可以做地區性存量的掌握以及蒐集現在抽取量的資料來加以了解。」

第5章

治水有成　再造綠川

二〇〇一年九月十六日，挾著豐沛雨水的納莉颱風來襲，歷經四十九小時的肆虐，重創北台灣。除了台北縣市的內湖、汐止及基隆等逢雨成災的地區再度淪爲水鄉外，一些在我們印象中屬於不會出現水患的地方，諸如總統府前的凱達格蘭大道、台北市東區商店街、陽明山別墅區，都因爲納莉所挾帶的破紀錄的雨量而淹水或爆發土石流。

不僅如此，台北市捷運系統也由於大水侵入軌道與隧道而被迫全線停止營運，當時，整個大台北成爲程度不一的災區，至今仍讓人記憶猶新。

尤其是十六日夜晚到十七日凌晨的那場風雨，對許多人來說，眞是一場浩劫。

第1節 颱風夜，坐困愁城

內湖大湖山莊街住戶回憶說，六年前的那晚，是他們人生中，最可怕的一夜。

當時住在四樓的曾小姐回憶說，大雨狂洩的時候，她剛吃完晚飯和未婚夫收看八點檔的電視綜藝節目。忽然聽到里辦公室的廣播說，溪水要暴漲了，要二〇二巷、二一九巷的車輛趕緊撤離。她一聽不對，就趕緊和未婚夫到地下室把車開出來。可能是上次溫妮颱風（一九九七年）的水患讓大湖山莊街的居民們有如驚弓之鳥，一時間，每棟大樓地下室的車輛傾巢而出，把狹窄的大湖山莊街擠得水泄不通。

曾小姐說，好不容易找到一個可以讓她愛車的棲身之地，淋了一身風雨回家，這時卻突然停電，兩人迫於無奈，只好點起蠟燭玩接龍，廝殺正激烈時，樓下管理員大喊：「道路積水了，低樓層的住戶趕快搬家！」

接近午夜十二點，持續停電中。曾小姐臨睡前往窗外望下去，這才驚見二一九巷居然已經淹成了小河，泡水車像船一樣載浮載沈。接下來半小時，雨持續地下，沒停過，水不斷地上漲，淹沒了住戶停放在中庭的機車，惡水像爬藤植物般，悄悄地攀著一樓圍牆而上。

一樓未撤離的民眾，趕緊逃到住家二樓的樓中樓，但因為無法與三樓連通，不能再往上跑，眼看水位就要淹到二樓，對面住戶不斷拍打著鋁窗，大喊救命，五樓的李先生打一一九報案，卻足足打了半小時，都打不通。

凌晨一點，大雨還沒有要停的意思，水就快漫過一樓的圍牆到二樓。守在社區崗哨的警衛伯伯，為了避難站在崗哨的屋頂上。此時，有位小姐英勇地由社區內游出逃生，曾小姐突然想起自己不會游泳，趕快翻出游泳圈吹氣，把游泳圈掛在身上。

她拿了大袋子，把重要的東西放入，包括手提電腦、證件存摺、現金，一邊拿著手電筒探著水位，按照五樓李先生的叮囑，「只要水位一升高，就往五樓逃命。」

眼看著淹水就要突破二樓的高度，曾小姐抓著未婚夫的手準備避難時，雨勢逐漸變小。「後來，中庭起了騷動，以為有人來救援了。」曾小姐形容當時真的喘了一口大氣，但是又傳來一陣嘆息，原來搞錯了，不是救難人員，而是拿著衝浪板的鄰居突圍而出。

大約兩點，雨勢才真的變小，那時候，市政府的救難人員才真正的出現了。

土石奔流，世界末日

陽明山的格致路，這一晚更可怕。

住在這裡已經將近四十年的吳姓一家人，住的是三層樓的透天厝，十六日晚上納莉颱風登陸時，嘩啦啦的雨水，有愈下愈大的趨勢，讓務農的一家人擔心地睡不著覺。

「轟的一聲，我以為世界末日到了！」在當時土石流中倖存的吳先生餘悸猶存地回憶，當時是凌晨兩點左右，後方山坡「轟」「轟」「轟」的連聲巨響，在滂沱大雨中宛如青天霹靂，滾滾黃泥瞬間淹沒了一樓，住在二、三樓的吳先生及其雙親、伯父，想要奪門而逃，卻發現門外滿是黃泥，無路可逃。

更慘的是，住在一樓的祖父母，這時已遭土石流掩埋，慌亂中哭成一團的吳先生一家人回了神，趕緊在黑暗中徒手挖著泥巴，希望能趕緊把祖父母救出。

「當時什麼也沒想，也管不了手痛不痛，唯一想的就是要把阿公、阿嬤救出來。」吳先生淚眼迷濛地表示。

手，不斷地挖，滾滾土石卻源源而來，一家人的希望也逐漸破滅。

十多分鐘後，消防隊抵達現場協助救災，但幾十雙手加上機具，土礫堆中卻還是不見祖父母的蹤跡，吳家人此時也有了最壞的打算，全家最敬愛的至親，已在這場短促的洪流中，天人永隔。

「世界末日也不過如此」，吳基通滿心悔恨地說，當初疼惜老人家雙腳不靈活，才安排他們住在一樓，沒想到這場在陽明山地區創下歷史紀錄的豪雨，就這樣奪走了他的祖父母性命。

直到隔日清晨，消防隊員終於在土石堆中挖出吳先生祖父母冰冷的遺體。住了四十年的家園，竟因一場豪雨盡毀，吳先生無奈地搖頭說：「死神的玩笑，開得未免太大了。」

抽水設備，不堪一擊

納莉颱風令許多人仍印象深刻，因為這個颱風行徑詭異，侵襲台灣的路徑飄忽搖擺，移動速度雖然慢，發起威來卻十分潑辣，不但打破台北市百年來單日降雨最高紀錄，颱風中心前後歷經二十一個小時才通過台灣陸地，更創下歷史最長紀錄，同時刷新歷年侵台颱風多項歷史紀錄。

由於颱風停留時間過久及其貫穿的特殊路徑所致，台灣地區降下豐沛雨量，造成北台灣嚴重水患，多處地方的單日降雨量皆刷新歷史紀錄。台北市捷運及台北車站淹水，部分山線、海線及花東線中斷；多處地區引發土石流災害；根據統計，近一六五萬戶停電、逾一七五萬戶停水；共有九十四人死亡、十人失蹤。全省有四〇八所學校遭到重創，損失近八億元，工商部分損失超過四十億元，農林漁牧損失約四十二億元。

台北市災情最慘的是十六日晚上至十八日白天，歷經二十餘個小時與納莉颱風帶來的暴雨搏鬥，台北市還是被惡水「淪陷」，尤其是因為當時亞洲規模最大的玉成抽水站「掛了」後，南京東路、忠孝東路、基隆路、八德路到松隆路等沿線幾乎是一片水鄉澤國，地下室到處水滿為患！滿街、滿巷的車子遭到滅頂，而大規模的停電，更讓入夜以後的災民，生活在一片黑漆漆的世界。

防洪體系，一夕崩解

從一九八七年琳恩颱風造成台北市大淹水之後，一連串的抽水站加蓋、排水系統鋪設、兩百年防洪頻率高聳堤防興建，到基隆河整治，十多年來，北市社子島等局部淹水雖然尚不可免，但納莉如此嚴重的水患，卻是前所未有。

琳恩颱風之前，台北市的抽水站有四十多座，到納莉來襲前已增加為六十九座，尤其是基隆河沿岸，包括濱江、成功、南港、內湖等都是新增或擴建。

但基隆河沿岸卻是這次災情最慘重之處，從南港、內湖、松山到信義區，南港十八個里全軍覆沒，松山區南京東路四段以東也都慘遭蹂躪，台北市不僅出現「忠孝大河」，也出現「南京大河」。

為什麼？抽水站加蓋、堤防加高了、排水系統強化了，台北市卻仍如此脆弱？

官方的紀錄是，九月十五日十一時起，即開始持續性降雨，十七日凌晨依照監測所得資料，十七日零時到一時，大直氣象站之降雨量達九十三點五毫米，四時到五時高達一百二十七點五毫米，內湖氣象站零時到一時，降雨量達一〇九點五毫米，四時到五時更創紀錄達一四八點五毫米，根據經濟部水利處初步分析，其發生機率已大於兩百年重現期。

市區最大降雨強度已超過抽水站之五年颱風雨設計，抽水站內水位不斷升高，導致八座遭到淹沒，連同站裡抽水機組或冷卻水幫浦等無一倖免。

號稱東南亞最具規模的玉成抽水站，一座站約抵十座小抽水站，但也無法自救。玉成抽水站在一九八七年十月啟用，當年碰到琳恩颱風，也是被淹沒，納莉風災前的冷卻水幫浦圍牆、抽水機、發電機組，根據琳恩颱風的紀錄而加高，只是，納莉颱風再破紀錄，玉成抽水站增加圍砌的磚牆，還是英雄無用武之地。

荒謬的是，台北市政府的中樞神經——防颱指揮中心，也被納莉大水所打敗，而災害應變中心在玉成抽水站停擺後，未對災情做出正確判斷，也沒有立即將抽水站停擺的消息通知中央，導致中央無法從旁協助，其後追究責任時，還引起行政院與台北市政府之間的口水戰。應變中心的做法，真是「以不變應萬變」。

水牢三千，北市好慘

根據當時台北市防颱中心的調查統計，納莉水患相當嚴重，台北市將近有三千棟的大樓地下室遭到嚴重淹水，其中包括市政中心大樓、市議會、捷運地下站、京華城、內湖汙水處理廠等，已破了地下室淹水紀錄。

當時市長馬英九表示，由於市府的抽水機只能負擔一%的抽水量，所以請市民先自行租、借用民間抽水機抽水，並表明市府將大舉採購抽水機，只是緩不濟急，因為北市淹水範圍相當大，當下抽水機幾乎被搜購一空，尤其捷運公司更是其中最大買主。

當大水消退後，市府抽水以有台電配電室的大樓積水為第一優先，在沒有抽水設施，又眼見汙泥肆虐後滿目瘡痍的家園，居民叫苦連天，甚至有人衝到防颱指揮中心咆哮。

民眾質疑的是，關鍵的八座抽水站為何無法運作？

當時的台北市工務局長陳威仁一再強調，並非故障，而是因為雨量及水患實在太大，在水淹入抽水站後，已無法繼續抽下去，才在最後關頭撤守。

玉成抽水站的問題，當下成為朝野口水戰的焦點。主跑水利與環保多年的《中國時報》記者呂理德認為：「其實都是國人從小被教育『要做就要做最大』的觀念害的。」他說像台北的101金融大樓、淡水河整治工程中的八里汙水處理廠，都是以「最大」為追求目標，所以玉成抽水站也就應運而生。

「其實最大的並不一定是最好的，甚至可能還會是最壞的一種選擇。」呂理德認為，就災害風險管理來說，分散管理才是最好的管理方式，也就是不要把所有雞蛋放在同一個籃子裡。例如，一個抽水站故障的機率二分之一，如果把它分成兩個抽水站，同時故障的機率是四分之一，如果分成四個抽水站，四個抽水站同時故障的機率只有十六分之一。這是最簡單的機率數學，也說明了最大的抽水站未必是最好的風險管理策略。

如果台灣不做全東南亞最大的玉成抽水站，改做其他四個比較小，但總容量與玉成相同的抽水量，如此一來，全部當機的機會就會相對減少三倍。「政府要重新思考做最大的工程，創世界紀錄之最的迷思，如此也才能從根本解決問題，做好風險管理的工作，遠離災害。」呂理德說。

河水怒吼，連年釀災

納莉之所以釀成巨災，除了台北市抽水站無法運轉之外，與基隆河水無法宣洩也有很大關聯。當時，基隆河整治初期工程已經完工，而基隆河截彎取直後，雖然放寬後段河道，但上游段無法承受急遽水量，水勢上漲後只有往台北市東區與基隆、汐止宣洩；更離譜的是，基隆河沿岸有許多貨櫃場非法堆置，結果這些貨櫃在颱風來襲時被沖落到河中，不僅嚴重影響基隆河行水，甚至撞斷八堵鐵橋變成「擋水牆」，阻塞河道，終於釀成嚴重水患。

基隆河多災多難，從一九八七年琳恩颱風以降，九七年安珀颱風、九八年瑞伯颱風、芭比絲颱風、二〇〇〇年象神颱風，到二〇〇一年的納莉颱風，根據經濟部水利處的統計，淹水面積最大的是琳恩颱風，而淹水最深的就是納莉颱風，每一次的釀災，都讓飽嘗痛楚的受災戶，留下刻骨銘心的記憶。

基隆河恰似北台灣的「盲腸」，沿岸汐止、內湖等地每每遇雨成災。各級政府討論長達十二年，直到一九九八年瑞伯、芭比絲重創汐止，相關單位才正視基隆河整治的問題。

一開始，中央相關單位只肯花費五十多億元疏濬基隆河兩岸淤泥、施作簡單護岸。因台北縣府強烈反彈，行政院才同意追加工程經費至一百二十多億元，並於一九九九年九月動工。當時的行政院長蕭萬長在卸任之前，特別指示基隆河初期治理工程縮短工期為兩年，務期於二〇〇〇年底之前完工。

結果二〇〇〇年十一月象神颱風來襲，當時治理工程尚未完工，汐止人對治理工程還存有一絲期待。但經過隔年納莉颱風的試煉，顯然一切破功。而規劃中的員山子增闢分洪道，能有效將基隆河上游三分之一水量直接導引入大海，但是這項二〇〇四年底已經完工的工程，在當時來說，根本救不了近水。

納莉颱風受災戶曾經質疑，台北市已有兩百年洪水頻率的保護堤防，居然還是傳出淹水災變，而同樣是依據兩百年洪水頻率保護程度規劃的基隆河二期整治工程，屆時會不會還是不堪一擊？尤其，基隆河兩岸近年來急速開發都市化，從七〇年代以來，平均每三、四年就發生一次水災。

巨資整治，不堪一擊

基隆河進入汐止段，不僅先天條件不佳，而且後天失調，政府投下巨資，全力整治基隆河，結果納莉的災情，比整治前還更嚴重。

基隆河道自基隆市段，進入汐止市段後，就遇到許多大瓶頸。在五堵地區，不僅彎道多，更有許多大型貨櫃場。颱風來襲前，不少業者只顧利用空貨櫃保護裝滿物品貨櫃，殊不知，空櫃遇大水，馬上倒的倒，被沖走的被沖走，結果造成整個河道佈滿貨櫃，疏水功能受阻，在汐止「中國貨櫃」前，還有大量貨櫃卡在橋下，甚至沖毀橋樑，造成極大危害。

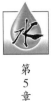

接續基隆河，正式進入汐止保長坑山區，馬上遇到重大工程在進行。交通部地鐵處在此開山鑿壁，填低窪地，興建超大型南港貨場，不但把原有河道面縮小，整個蓄洪功能全破壞，工地流入泥漿，恐怕不堵河道都很困難。

通過五堵山區的基隆河，立即往汐止全市最精華地帶傾瀉而下，無奈出口處，又遇ㄇ字型水尾彎大彎道，還有高速公路豎立在河道中間密密麻麻的大橋墩。

水利局在進行整治時，為顧及橋墩安全，還不敢全面開挖，當時即有一說，汐止的水就會被卡在這兒出不去，而反淹市區。沒想到納莉一來，惡夢竟然成真。

第2節 河川水開發阻力重重

台灣地區水系有「流域狹小」、「河流短小」、「坡降大」、「豐枯水量懸殊」等之特性，常年無法維持一定流量，使得河川水利用受限於季節。這固然與流域內水資源引用、調用等工程的損失有關，但是也與台灣降水量的逐漸減少密切相關，尤其西部與南部區域降水量與降水日數的減少趨勢更顯著。由於全球氣候變遷，推估台灣地區各區域年逕流量受影響值為負三・一五%。因此，未來河川水之開發將面臨流量逐年減少之問題。

除了水流量逐年減少的問題之外，部分民眾的反對，也是開發河川水受阻的因素。河川水的開發為水源來源之一，但是開發過程或完工後仍有民眾抗爭問題，例如屏東縣政府在泰武鄉設置完成蓄水池四座每座二一〇〇〇噸，於一九九八年完工後因水權問題導致民眾抗爭迄今仍未供水；二〇〇一年，水利署在高屏溪設置攔河堰抽取溪水支援各水庫，當地民眾以攔河堰攔取高屏溪水，將導致下游缺水，影響生態為由，也引發當地民眾強烈反彈而抗爭，都顯示開發河川水時，民眾的抗爭是不可忽略的問題。

由於一般民眾並非水利專業，對於興建攔河堰開發河川水是否影響生態或下游之取水，不免有所顧慮，甚而引起抗爭。水利署興建各攔河堰雖經環境影響評估，藉由維持下游基本流水量，做為保育用水，維持下游生態環境，也是不可免的做法，但是對於民眾的質疑，唯有加強溝通協調，並建立合理的回饋機制，才能化解民眾疑慮。

至於因為全球氣候異常變遷，影響降雨時空之分布，導致未來河川水流量逐漸減少，持續進行全球氣候變遷與水資源影響研究，是比較可行的做法。所幸行政院在一九九四年八月十一日成立「行政院全球環境變遷政策指導小組」專責處理氣候變遷等議題，後來又在一九九七年八月二一三日將該小組擴編為「行政院國家永續發展委員會」，設有「海洋與水土資源管理工作分組」，處理海洋與水土資源永續發展問題，相信都是能對河川水開發有所助益。

過度開發，河川危機

台灣每年的颱風以及暴雨為帶來豐沛的雨水，也是河川中河水的主要來源。在最近的一〇六年當中，共有三九八個颱風以及超過一千個暴雨經過台灣，每年平均有三至四個颱風會侵襲台灣，而颱風的路徑多由台灣東南往西北或由南往北移動，但在二〇〇一年的納莉颱風移動路徑竟由東北往西南方向移動，這在歷史資料上是史無前例的。

由於台灣地區常受到颱風以及暴雨的侵襲，造成河川於暴雨期間流量增加，且受到河川坡度陡峻影響，使得河流輸砂能力增加，也因此台灣河川在單位面積泥砂產量上遠大於其他各國家的重要河川。

河流本來依其機能在運轉，然而河流環境危機的產生，是由於集水區過度開發、河水沿途被取用流量不足、河水水質汙染、濫採砂石破壞河道、水庫截斷河道輸沙能力和洪水平原被佔用防洪能力降低等。

台灣地小人稠，為了追求高經濟成長，不斷地開發土地，破壞原有地表構造，加上坡度陡峻地質脆弱，原本就容易崩坍的集水區水土更容易流失。早期山區林木的砍伐，破壞原始林；平原農業的發展，大量引用河水灌溉，使河川流量減少，影響河川生態。近數十年來，農業逐漸由平地往山坡地擴展，許多林地被開墾成果園、茶園、菜園、檳榔園或山葵園，最有名的是大甲溪上游的果園和菜園、曾文溪上游的檳榔園、茶園和山葵園。最近更提倡生態旅遊，鼓勵民眾觀賞生態景觀、吃有機蔬菜與水果，加速河川和水庫上游集水區的開發，對集水區的破壞更是火上加油；七〇年代開始，工業的發展，使用水大量增加，加重河水的取用，同時排出的廢水汙染到河川水質，使得河水水質急速惡化。

由於集水區的開發，河水沿途被取用，而產生了河川生態基流量不足、河床砂石濫採，河道變形，河川流水型態與棲地單調化、河川生物棲息地漸受破壞與分割，加上河水水質受汙染、外來種水生生物引進與侵犯，造成河川生態的危機。

另外，興建水庫也會帶來影響。水庫開發計畫是在河川上築壩集水，對於該地區之有關環境特性將有所改變。其中在阻隔效應中影響最劇的是生物方面，主要是因水庫或堰阻礙洄游性魚類洄游路徑，使其無法覓得合適產卵的地點。

另外像水庫本身操作時的機械放水，將造成壩下水體成為氣體超飽和狀態，而這種狀態對魚類有不良影響，甚至導致魚類死亡。

最嚴重的影響是水庫中沉澱物的沉積，因為會加強光線在水體的穿透力，使氧量增加，有助於生物的繁殖。水中混濁度減少，亦即泥沙量減少，因此會加強渠道的沖蝕程度、支流恢復增加渠深。而泥砂量減少，淤泥增加的速度緩慢，甚至停止，因此造成洪氾平原的沖蝕，也加速海灘、三角洲的侵蝕。

湖泊效應，阻礙洄游

水庫蓄水使淹沒區之河流系統成為湖泊系統，除了阻礙魚類洄游之外，亦會增加浮游生物的負荷量。淹沒區成為湖泊系統後，水表面積擴大，於是蒸發損失相對提高。

湖泊因深度關係，會形成熱分層現象。夏天時，上層水體溫度較高，冬天則是下層水體溫度較高，因此當水庫放水時，在底層溫度較低的水流入河川，造成河川熱量損失，減少溫水物種。冬季時壩址下游河川的溫度會提高，使下游地表不再覆冰。而溫度升高則使水中溶氧量降低，水質變差。

水庫蓄水，使下游流量減少、流速降低，較不易形成河床沖刷之現象；因流速小，底泥沉澱物相對增加。然而也因為流量的銳減，使魚類藉以繁殖的砂礫產卵地惡化，並且因水庫調節洪水之作用，也使得魚類利用洪水季節產卵之棲息地減少。隨著砂礫地的破壞，亦使洪氾平原的陸棲草木受到侵蝕。淡水流量被水庫攔截後，季節性或常久性濕地面積減少，洪氾平原因侵蝕現象及泥砂減少，其發展漸趨穩定。在河川下游出海口附近，則會增加鹽分汙染的問題。

水庫洩洪乃屬非常態狀況，因此瞬間洩洪，突然增大的流量，主要會加速無脊椎動物的遷徙效應，而且也會使底泥的細顆粒沉澱大量揚起，往下游奔流，增加水體混濁度，使光線穿透力減弱，造成水質惡化。

由於生態環境受破壞，加上人類開發與採捕活動過度干擾，不但引起河川水體內水生生物遷移與滅絕，而且引起高灘地與河岸兩旁上生物多樣性的喪失。

第3節 廢水排放哪裡去？

經濟高度發達，人口集中，土地利用開發逐漸侵入河道，與水爭地情形日漸嚴重，河道縮減、主流固定化、排水路與下水道箱涵化等，均使可排洪土地大為縮減。再者，不透水層建築物大量增加，綠地被覆面積大為減少，地表滯流量及入滲量隨之大幅減少，不僅地表逕流大幅增加，洪水到達時間也縮短，而且淹水忍受度低，下游損失大增。近年來汐止淹水情形嚴重，就是土地過度開發的影響。土地過度開發也使得土地保水及水源涵養能力降低，地表積蓄雨水量減少，人口與產業的迅速成長與集中，使得用水需求量大增，而且排放汙水量增加，易造成河川汙染。

開發河川水，是台灣爭取更多水資源必須考慮到的議題；既有的河川，如何防杜遭受汙染，則是政府管理水資源最頭痛，卻也一定要做的課題。

國內河川受生活汙水、工業廢水、畜牧廢水、農藥過度使用汙染嚴重，使得水資源用途受限。其中生活汙水部分，因汙水下水道未普及，汙水流入河川；畜牧廢水部分，受到監察院的糾正，環保署與農委會已聯手完成水源區內養豬戶之離牧政策，惟水源區外之部分養豬戶仍有汙染河川之虞，至於農業過度使用農藥及農藥空瓶未全面回收，亦使寶貴水資源潛伏毒害風險。凡此種種，使得水資源用途受限，實為當前須迫切解決的問題。

防杜汙染，環署出招

環保署鎖定防治河川汙染為工作重點，二〇〇一年執行的高屏溪、淡水河、頭前溪、大甲溪、及曾文溪等五大流域水源區養豬戶拆除補償工作，就有立即而明顯的成績。

環保署統計，六個月內一共計拆除四千八百八十戶養豬戶，削減豬隻數達五十五萬四千頭，單單高屏溪流域就削減了四十六萬六千頭豬，因此目前五大流域的河川水質已有明顯改善，尤其以高屏溪水質改善最多。

環保署指出，行政院在一九九八年核定推動「飲用水水源水質保護綱要計畫」，計畫重點之一就是選定高屏溪、淡水河、頭前溪、大甲溪、及曾文溪等五大流域的水源保護區，執行養豬戶拆除補償工作。這項工作的經費高達六十四億五千萬元，目標則是削減五大流域水源區五十多萬頭豬隻，以保障流域內一千兩百萬人飲用水水源水質安全。

防汙的工作，不外興利除弊，五大水源區養豬戶拆除補償，可望有效改善水質的穩定，在除弊方面，二〇〇五年環保署所公布的「惡水排行榜」則揭露了台灣目前遭受嚴重汙染的河川。

台南縣鹽水溪、急水溪和二仁溪高居「惡水排行榜」的前三名，尤其是鹽水溪和急水溪，在全國各河段嚴重汙染幅度都在下降之際，汙染卻持續惡化。環保署坦承，部分河段當時還提供使用做為灌溉用水。

根據環保署統計全國河川汙染長度和比例，嚴重汙染河段從二〇〇三年的一五．八％，大幅降低到七．六％，相較二〇〇〇年前的一二．一％河段遭嚴重汙染，顯見確實有效改善；嚴重汙染河段超過四〇％的惡水排行榜也有所變遷。

環保署表示，嚴重汙染百分比超過四〇％者降為四條，台南縣鹽水溪、急水溪、二仁溪和雲林縣北港溪，名列第五名為桃園縣南崁溪為二八．九％，前三名集中在台南縣，尤其是鹽水溪的汙染程度從五年前的五二．四％，不斷惡化到五六．六％；急水溪過去未列名，突然衝進第二名，四成七的河段遭嚴重汙染。

台南縣河川遭嚴重汙染，台南社區大學研發學會理事長黃煥彰指出，問題在於小工廠到處流竄，以鹽水溪來說，就經常出現紅褐色水及銀白色漂流物。黃煥彰強調，不論是鹽水溪或急水溪，都有農民使用做為灌溉用水，二仁溪經過巡守隊和官方合作努力，確實有所改善，但支流三爺溪卻日趨惡化，周邊小型工廠充斥，包括染整、電鍍、鋼鐵和酸洗業，汙染相當可觀，雖然環保稽查人員疲於奔命，改善成效卻有限。

建下水道，當務之急

台灣河川汙染源，以前以工業及畜牧廢水為主，但是因為工業與畜牧廢水管制已稍具成效，兩者產生之廢水經處理後已削減約九四．五％之汙染量，然一般家庭生活汙水因下水道普及率偏低，尚無法接管加以處理，使得台灣地區水汙染的主要來源已由事業廢水逐漸轉變為一般家庭生活汙水，尤其都市周邊之河川，一般家庭的生活汙水汙染比率已高達六〇％以上。

根據環保署環境白皮書及專家學者的研究指出，汙水下水道為健全都市發展之重要公共設施，先進國家均視為環境品質之重要指標，其主要功能係利用管線收集生活汙水做適當處理，俟符合放流水標準後排放，以改善都市居住環境衛生，並有助於河川汙染防治。

以往地方政府囿於財政困難，必須將經費做重點建設運用，因此僅能衡酌財力就各項建設排列優先次序，而汙水下水道建設因非屬生產性事業，且其埋設地下不易彰顯政績，故甚少被列入施政優先考量。

但是時至今日，如果以目前都市龐大人口所排放出來的家庭汙水，未經妥善處理即逕行排放，勢將導致都市道路側溝藏汙納垢，除嚴重影響都市生活品質外，進而造成河川與海洋嚴重汙染，尤有甚者，將提高病媒防治業務費用與傳染病防治等醫療保健費用。

排水溝渠是任何都市不可或缺的設施。歷任朝代都城的營建也都兼顧了給水與排水的功能。不過在大都市中，排水設施之不如理想，並非始於近代。例如，明代的北京城內除四條主要大排水溝渠外，大小街道也有相與平行的溝渠，大部分是明溝。

台灣府城（今台南）於一七八八至九〇年間改築土城，完成的工程包括水洞。在一八〇九年彰化紳民醵金興築縣城，計畫在城中擇地開溝，流通城外，使不致受浸積穢。完成的工程中有六個水洞，並疏濬內外濠溝。在一八二九年，淡水廳治（今新竹）城牆改建完成，乃濬濠築橋，並為水涵以走潦水。這些記載都顯示清代台灣築城時已注意排水的問題。

在日本領台之初，見台灣的市街巷衢狹隘陰濕，且家庭汙水隨處排放，遂於一八九六年擬定台北市部分排水工程計畫。一八九九年發布下水道規則。一九〇一年配合台北市區改正計畫，實際施工，並將基隆市納入計畫範圍。一九一〇年又將市區改正推行到全島主要市區，至一九一五年完成下水道建設的市區有台北、宜蘭、桃園、新竹、台中、南投、嘉義、台南、屏東、花蓮港及澎湖，長度合計三五七、一五四公尺，其中台北一一四、八七八公尺，占三二%。

光復後，政府根據發展建設之需要，將日治時期原有之都市計畫加以檢討修正，陸續新訂都市計畫，至一九九〇年底，除台北市和高雄市外，台灣省有都市計畫區四〇五處。下水道是都市計畫區內的公共設施之一。最初各地所採行之系統為雨水和汙水不分的合流制下水道，渠道多為明溝。

合流制下水道集雨水、家庭廚廁汙水和工業廢水於一處，常因處理不善而汙染河川及水源，有礙衛生。政府有鑑於此，乃採重點方式辦理汙水下水道系統之規畫與工程建設。在分流制下，則雨水下水道專供排除雨水，汙水下水道專供排除家庭汙水與工業廢水。

目前世界主要國家公共汙水下水道接管率荷蘭為九八%、英國九六%、瑞士九四%、加拿大為九一%、紐西蘭八二．五%、土耳其六二．五%、日本五五%。台灣的情況呢？按營建署的統計，平均僅一四%（截至二〇〇六年），顯然，台灣地區公共汙水下水道接管率仍有大幅提升空間。

營建署規劃在二〇〇八年之前，以中央與地方政府共同籌資六百五十五億元投入汙水下水道建設，將公共汙水下水道用戶接管普及率由二〇〇七年之一四%提高至二〇．三%，整體汙水處理率（含公共汙水下水道普及率、專用汙水下水道普及率、建築物汙水處理設施設置率）由二〇〇七年之一七．八%提升至三〇．一%，以改善都市居住環境衛生，防止水域汙染。

這個計畫將先就台北市、高雄市、台北縣、基隆市、台中市、台南市等已完成汙水處理廠之縣市優先推動用戶接管工程，已設計或興建中之汙水處理廠（如高雄縣鳳山溪、屏東六塊厝、宜蘭地區、苗栗地區等）持續加速其工程施工，並同時辦理收集系統工程，預計二〇〇八年之前可陸續完成部分用戶接管。

另一方面，營建署亦研擬推動汙水處理廠廠區綠美化及上部空間再利用，汙水處理廠廠區配合建設公園及運動休閒場所，以多目標建設回饋民眾，並回收經處理之再生水做為廠區綠美化植栽之水源，並提供附近民眾使用，使廠區與社區相結合，以創造親水化的環境；但是下水道尚未規劃興建之鄉村地區，可採「人工溼地汙水淨化系統」減輕河川汙染。

專責單位，付之闕如

推動汙水下水道建設，是政府當務之急，但是根據環保署的環境白皮書顯示，其實面臨的阻力不少。最起碼就有「下水道法不合時宜，影響下水道健全發展」、「中央人力不足，且縣市無專責單位及人員，推動不易」、「投資經費偏低，與國民生產毛額不成比例」、「汙水下水道建設投資經費大，建設期程長，展現效益慢，地方首長常以不易展現政績而不願主動推動」、「早期都市規劃未考量佈置汙水下水道系統，且未納入建築管理範圍，導致後期建設困難重重」、「汙水處理廠土地取得困難，工程規劃未考量資源回收多目標使用」、「新開發社區大都未同時興建專用下水道」、「民眾對汙水下水道功能欠缺認識，接管意願不高，無法貫徹執行」、「汙水下水道系統跨越行政區域及過於龐大未能即時彰顯其功能」等九大問題。

而部分工業區汙水處理廠功能不足，且專用汙水下水道接管率偏低，也是頭痛問題。原本工業區的開發，是由經濟部辦理，早期開發工業區之廢水處理，係由符合水汙染防治法指定公告列管之事業，自行設置廢水處理設施處理，迄下水道法公布，新開發工業區方規定須設置專用下水道。工業區設置專用下水道，由政府協助區內事業集中處理廢水，並不須各自設置處理設施，對中小型事業、廢水量少之廠商及基於主管機關之管理，確有其方便性優點；但是工業區的發展，已由相同性質事業之專業區改變為綜合性工業區，廢水隨著工廠性質變化而複雜，現有之汙水處理廠處理功能卻未配合提升，使得汙水處理廠功能不足，導致大量複雜廢水難以處理。

工業區設置汙水下水道系統之聯合汙水處理廠，首要繫於其處理容量，與功能足以涵括與處理區內工廠事業汙水之總排放量，方能發揮處理汙水之功能，但是部分特定地區的特殊產業（如高科技電子業等）發展需求，導致該聯合汙水處理廠之處理容量逐漸發生不足的情況，例如：觀音工業區：設計處理容量為每日三一、二〇〇公噸，而目前實際平均處理廢水量已達每日三〇、〇〇〇公噸以上，其單日處理最大廢水量，曾達四〇、〇〇〇公噸；新竹工業區：設計處理容量為每日二一、〇〇〇公噸，而目前實際平均處理廢水量已高達每日二〇、〇〇〇公噸以上，其單日處理最大廢水量，亦曾達三〇、〇〇〇公噸。像這樣的汙水處理廠，功能顯然不足。

為此，環保署多次與經濟部協調，經濟部乃請工業區管理機構協助輔導區內工廠處理廢水，至符合放流水標準為止。

事實上，營建署每年編列預算補助縣市政府辦理汙水下水道工程，但是除了台北市、台北縣、高雄市外，其餘縣市政府，人力、技術都甚為短缺，加上民眾對汙水下水道系統的處理設施及流程，多不瞭解而排斥、抗爭，以至於汙水下水道建設進度緩慢，用戶接管率偏低。

根據下水道法第九條規定：「中央、直轄市及縣（市）主管機關，為建設及管理下水道，應指定或設置下水道機構，負責辦理下水道之建設及管理事項。」但是截至二〇〇六年尚有六個縣市（彰化縣、南投縣、雲林縣、嘉義市、金門縣、連江縣）仍未成立。在實際作業上，麻煩的是，目前各縣市政府辦理下水道業務單位者計有工務局、建設局、水利局、觀光局、城鄉發展局、環境保護局等，迄無統一對外協調聯繫的窗口；還有的部分縣、市政府未建立下水道圖籍，使得下水道營運管理未見周延。

灌排分離，減少汙染

汙染河川的源頭除了工廠、農業廢水之外，家庭的生活汙水也是其中之一，現在很明顯的是因為國內汙水下水道的普及率尚低，使得諸多工廠廢水經放流後，流入灌溉渠道，致使灌溉用水遭受汙染，不僅影響農作物食用安全，遇到乾旱時期，移用農業用水時，將使準備移用的農業用水遭受汙染，而使用途受限。因此，環保署、農委會宜加速推動「灌、排分離」，並針對若干工業區的汙水處理廠，在行有餘力的情況下，接納部分生活汙水加以處理，以避免水資源遭受汙染。

環保署為督促地方政府達成「陸域水體分類水質標準」，依水體用途、重要性、汙染程度及汙染來源，選擇優先整治河川，研擬具體改善策略及措施。二〇〇二年優先選定的重點河川包括：高屏溪、朴子溪、北港溪、中港溪、客雅溪、典寶溪、南崁溪、二仁溪及將軍溪等。

這九條優先整治的河川，經過五年的整治，已經呈現完全不同的風貌。

以高屏溪來說，現在成為許多民眾攝影取景的絕佳場所。白雲鐵橋、飛鳥綠地，再加上偶爾穿過鐵橋的飛機，極具詩意的景觀，然而這一切，在環保署進行河川整治工程之前，這裡可不是這樣美麗。環保署藉由自然生態工法，層層過濾淨化高屏溪的水質，整個高屏溪整治，共有一百二十公頃的溼地，整治完成後還需要日常的維護工作，目前環保署協調鄉公所和野鳥協會來認養維護。

在上游竹崎鄉的朴子溪，水質乾乾淨淨，但是流過嘉義民雄匯集了五十萬人口的生活汙水，溶氧量跌到「零」（屬於嚴重汙染），神奇的是，當曝氣設備直接把氧氣打進水裡，溶氧量可以上升到八，事實上，這樣的曝氣設備英國泰晤士河也有一套。

不過來到台灣，因為設備太昂貴了，所以將曝氣設備設計成懸吊式，大雨來的時候，還可以收回岸邊。讓朴子溪變乾淨，還有另外一個法寶：溪旁一塊廣達一．七公頃的草地，看起來不起眼卻是大功臣。

首先，利用馬達把朴子溪的水抽引上來，然後利用植物吸附水中的有機質土壤也會攔截汙染物質，微生物則是進一步進行分解。利用大自然的淨化原理，一天就能讓朴子溪水，乾乾淨淨地重回人自然的懷抱。

夕陽下的典寶溪，如詩如畫，但是環保署整治之前，因為重金屬工廠的嚴重汙染，典寶溪曾經是高雄人的惡夢。環保單位進行採樣，酸鹼值竟然為一點四五，比硫酸還酸。到底是誰惹的禍？

環保署走訪後證實，某家金屬表面處理工廠所排放的大量電鍍液，汙染了典寶溪。環保署走到工廠後方的廢水處理設備，發現完全沒有運轉。業者為了省下每個月可能高達十萬的電費、藥劑費，寧可和環保單位玩「官兵抓強盜」的遊戲。

不過僥倖心態終究敵不過公權力，環保單位開了罰單，並且要求業者限期改善。一年後，典寶溪由橘紅色的溪水，恢復成綠色的模樣。現在，典寶溪的兩岸長滿了綠葉，魚兒也回來了。

少了汙染，典寶溪終於重見陽光。

高屏溪、朴子溪與典寶溪只是整治過後明顯改善的幾個例子，包括其他六條河川，目前都成為民眾親水的好夥伴。像南崁溪、北港溪，甚至變成生態園區；以往「惡名昭彰」的二仁溪，雖然目前還沒有達到環保署的標準，不過只要民眾、工廠和畜牧場配合，加上下水道的興建，二仁溪的清澈，就會有希望。

河川汙染整治工作除建設下水道外，還包含執行事業水汙染稽查，如何在政府有限的人力查緝下，確實做好河川保育，是值得研究的課題。另外，鼓勵研發新興水汙染防治科技，也是加速削減河川汙染的方法。

第6章

開源節流　生命永續

根據二〇〇六年聯合國的統計，全球現下有三分之二人口無法取得日常且安全所需的飲用水水源，而且估計人口數仍在逐年增加之中。相較之下，台灣的自來水普及率與飲用水的安全性現況，皆超越平均水準以上，只不過，這兩者的危機卻已開始逐年顯現，最明顯的例子便是瓶裝水的取代用量日漸增多，尤其在大都會區如此。

既然如此，開發新水源是當務之急外，節流的方法亦不可免。

二〇〇七年入秋，國際原物料價格飛漲，原油價格瀕臨一桶百元美金，導致台灣爆發罕見的民生物資全面漲價的情形，島內掀起一陣節能風潮，「節約用水」也不例外。

第1節 再造新水源

每年夏、秋的豪雨或颱風為台灣水資源之主要來源，豐水季（五到十月）雨量佔全年的七八%，枯水季（十一到四月）則長達六個月，再加上河川坡陡流急、腹地狹隘，每年被利用的水量僅約一八〇億噸，約為年總降雨量九三六億噸的一九%，其餘均蒸發或奔流入海。

台灣地區用水分別為二〇%生活用水、九%工業用水及七一%農業用水；供水來源四八%為川流水，二一%為水庫水，其他則為地下水。

在地理條件與自然條件都無法滿足供水情形下，為因應枯旱期間之生活與工業用水，就必須在兩害相權取其輕考量下，實施農業用水減量供應或農田休耕等措施。

水利署說，這種做法究竟不宜成為常態，在面臨未來自然氣候條件變異可能繼續擴大的情況下，除應優先推動實施節約用水、彈性調度及有效管理等提高用水效率之措施外，若預期各區域生活及工業用水仍有不足，實有必要在各種天然條件限制與保育自然環境之前提下，適度以更多元的方式開發新的水源做為因應。

回收利用，供應多元

目前在技術上可行的水源開發方式，除地下水、河川水及水庫水等傳統方式外，其他則包括屬於天然水資源類之人工湖、雨水收集貯留、農地迴歸水，及屬於新興造水類之海水淡化、都市汙水回收再利用、工業廢水回收再利用等各項水源。

歷年來水利署推動雨水及再生水成效可區分為農業民生及示範案等三方面，農業替代水源以推動農業雨水貯留利用系統為主，節水服務團協助水利署建立了「雨水貯留設施推廣計畫執行要點」，為水利署與各地區農田水利會合作推動之丘陵地中小型雨水貯蓄系統之設置，提供技術支援，截至目前為止，全台近三千八百個中小型雨水貯槽總容量約達十四萬公噸，平均年收集利用之雨水量超過五一七萬公噸，受益之灌溉面積更達到五、八六八公頃。

在民生類替代水源方面，以雨水及再生水系統同時推動為主，並在考慮各地區不同水文條件下，選擇設置系統之種類，提高次級用水之替代水源替代率，自一九九六年至二〇〇二年止，由水利署直接補助建立之雨水及再生水利用推廣示範案例計三十六個，已完工之貯槽總容量更突破二萬公噸，目前運作中之年回收總水量達到一五五萬公噸以上。

多元化水源開發是打造「綠色矽島，建立永續社會」之水利施政藍圖，也是有效解決水資源供需失衡的重要方案與措施。

再生用水，多種範例

澎湖縣的水荒一向是讓中央及地方頭痛的問題，當地年平均降雨量約一千毫米，蒸發量卻高達一千八百毫米，主要供水來源僅靠縣境內幾座地面小型水庫及海水淡化等水源供水，必要時甚至必須由高雄利用船舶運水，供水成本高且不穩定（每度水成本約五十八至一二三元），再加上每年約九十萬名的觀光客所增加的用水量，使原本供水吃緊現象雪上加霜。

依據經濟部水資源局之調查，二〇一一年時澎湖地區平均每日將缺水達七、三〇〇噸，缺水情況十分嚴重，行政院有鑑於澎湖縣水荒問題的嚴重性，乃於一九九八年八月十四日核定澎湖縣為全國節約用水示範區，由經濟部水資源局指導，澎湖縣政府規劃該縣的節約用水推動工作，並委託工研院能資所節水服務團執行，其中在水源替代方面，設置了三座小型中水示範系統，分別位於澎湖縣政府、馬公市公所及馬公市第一示範托兒所，在運作之後已取代上述地點的自來水沖廁用水，預計每日可節省水量十六公噸，每月為縣政府節省水費約五千元；同時於近程中擴大規劃至設置大型建築物或社區的中水回用系統，使替代水源功能效益更為顯著。

利用雨水貯留與中水道供水系統來節水，國內不乏成功的案例，尤其在學校與醫院方面，執行得最為徹底。

例如雲林科技大學利用汙水廠部分放流水，經過濾、消毒處理、再供應學生宿舍之沖廁用水。同時，回收利用部分放流水至校內地下水供水系統，供應校內景觀、澆灌、人工湖及消防等用途，以取代一年三萬噸的地下水用量。環球技術學院則是執行雨水／中水二元供水系統最有成就，甚至在二〇〇一年榮獲經濟部節水績優單位。該校採汙水廠地下化、地面綠美化設計與「水源逐級利用」的觀念，他們的做法是，收集雨水供應澆灌用水（不足的話，以中水補充）、回收放流水，經過過濾、生化等三級處理後，送至高架配水塔（上層自來水／下層中水）後，採重力式供水，經校內雨水／中水管網，再供景觀、沖廁的用途（不足的話，以自來水補充），該校估計，他們一年的雨水／中水用量，可達三萬八千噸。

花蓮慈濟醫院的做法也相當可觀，醫院藉由大樓屋頂收集雨水，經沉砂、沉澱、過濾等處理後，貯存於雨水槽，再供給低樓層之沖廁及澆灌用水，年雨水用量達一千七百噸以上。

但黃武次委員在水資源專案調查的專家諮詢會議中提到：「南科在一九九七年時就已經

規劃有中水道系統，但是到現在還沒有辦法正式營運使用……。」

總量管制，供需平衡

近年來台灣隨著人口持續成長，產業結構改變下，島上水資源已面臨「缺水」臨界點，成為世界第十八個缺水國家，對於國家未來經濟發展形成瓶頸，亦對台灣永續發展形成障礙，未來生活及工業用水量勢將與日俱增，然而水資源開發卻越顯困難情形，實有必要做好水資源管理與開源節流及避免河川水質汙染，俾整體水資源得以有效的經營與利用，滿足各標的用水不虞匱乏。

水資源經營管理策略基本上分為供給面管理及需求面管理兩方面，所謂供給面管理係以水庫、攔河堰、水道及供水系統之興建系統或改善方式，增加供水能力；而需求面管理則是藉由各標的內之節約用水及區域水資源聯合運用調配，提高用水效率，並加強水資源保育及水汙染防治。

為了環境的永續發展，對於天然水資源之需求不能再無限制成長，當前水資源之開發在考量河川潛能量、未來需求量、減抽地下水、增加備用水量、水資源計畫開發之期程、不同地區水源供需情勢、避免在這一代將天然水資源開發殆盡等因素，水利署建議實施水資源開發利用之總量管制，以每年兩百億噸做為現階段台灣地區水資源開發利用總量管制之目標，惟若節水措施與產業政策之調整及早達成供需平衡時，則總量管制之目標尚可再行調降。

世界潮流開發水源已朝多元化發展，除考量傳統之攔河堰工程計畫外，對於海水淡化、水再生利用技術、地下水補注與回用等國外均有很多成功的應用實例。若經水資源供需情勢分析，既有水利設施之供給水量仍不足因應生活與工業需求之成長，則後續仍有賴於規劃推動平地水庫、都市汙水回收再利用、海水淡化及雨水收集貯存等多元化水源，以提供量足質優之穩定供水。

新世紀之水資源的利用，於時間上應體認降雨時間分布不均之特性，各用水標的應配合於豐水季及枯水季實施不同用水策略，其中包括天然水資源開發利用總量管制及枯水季用水零成長二大策略；於空間上則應視不同區域之水資源供需情勢，採用節約用水、彈性調度、有效管理、多元開發等不同策略，以達成水資源永續利用之目標，有效解決水供需失衡的問題。

在天然水資源開發利用總量管制的前提下，若未來仍不足，則可以新興造水如海水淡化、水回收再生利用等方式滿足需求。

循環用水，比例尚低

不管是雨水再利用，或是再生水系統，都是開發循環用水的一環。水利署推動的「節約用水措施」提出「五大策略及二十二項具體措施」，其中「輔導用水者實施水之循環或多次使用方法，減少用水需求」、「獎勵高用水率工廠設立循環用水或多次利用設備」、「獎勵廠商採用省水製程及投資廢水循環利用設備」等，都是該措施的重要工作，推動這些工作可達到廢水零排放且充分回收再利用，為較理想之水資源再利用方式。

以台北市第一家附有回收水設備的洗車場——陽光洗車中心為例，業者練維廉表示：「光是這套循環回收水資源的設備，就可以回收八〇%的洗車水再利用。」在國際間也有成功的案例，美國德州之San Macros電廠，基於使發電過程產生之冷卻水充分回收利用之考量，於二〇〇〇年初設置零液體排放系統，該系統結合超微濾、逆滲透、電子脫離子、蒸發及結晶化等技術，將廢水經處理後加以回收利用於鍋爐用水，剩餘汙泥亦用於掩埋場處理，達到零排放之目的。國內對於高科技產業，在環境影響評估審查當中，也有嚴格限制，即要求半導體、印刷電路板等高科技產業必須有八五%之廢水回收再利用比率，對於水資源再利用有所貢獻。

行政院原子能委員會核能研究所亦針對半導體業、石化業、染整業及塑膠業的有機廢水處理，發展廢水循環回收再使用創新技術。若以半導體業為例，有機廢液委外處理價格為十元／公升，如果以新技術處理成本約五至六元／公升，且經處理後之廢水高達百分之九十五可回收再使用。

在獎勵方面，行政院二〇〇二年四月二十四日通過「網際網路製造業及技術業購置設備或技術適用投資抵減辦法」，將來業者購置自行使用的資源回收、汙染防治或工業用水利用的設備，於同一課稅年度內購置達六十萬元以上者，可以就購置成本按百分之十三以內抵減當年應納營利事業所得稅額，如當年不足抵減者，也能在以後四年度內應納稅額中抵減。

其實政府對於鼓勵工業廢水回收再利用，都在積極進行，只不過目前循環使用的比率，僅僅百分之三十而已，顯示事業體在製程中所產生的廢水，大部分並未回收使用，不僅浪費水資源，且耗費處理廢水的經費。

利用中水，省水撇步

除了工業廢水回收再利用之外，一般的生活用水能否在使用過也可以循環利用呢？當然可以。在日本，早已積極推動回收水再利用，由於日本的主管機關依據規範要求新建築物、新社區及工廠須設置中水道系統，建商與民眾均樂於配合；至於日本中水道的興建，是由地方都府縣單位視當地區域特性執行，而相關法源則是從地方單位的下水道推動法令中增補，而且中水道建設係與下水道處理相結合，這一點可供國內推動中水道建設來參考。

所謂「中水」的概念，是指都市汙水經過處理，達到法定水質再利用的標準後，可於合理範圍內循環使用於非飲用之水及非與身體接觸之用水。

所以中水主要用在廁所沖洗、園林灌溉、道路保濕、汽車沖洗、噴水池、親水設施用水及冷卻設備補充水等。根據統計，民眾日常生活使用的總水量當中，光是廁所沖洗就占了百分之三十五，如果能在機關、學校、住宅、旅館、飯店等地點建立中水道系統，做為城市雜用水（中水），用於沖洗廁所、清洗車輛、綠化、噴灑街道、景觀雜用水及河湖補充水等，的確可有效節約水資源。

目前在台灣施行中水道系統的，有高雄長庚醫學院附屬兒童醫院之汙水、機械室汙水、動物實驗室汙水，經三級汙水處理廠處理後，排放至放流區配專管供醫學大樓、兒童醫院廁所沖使用；國立雲林科技大學之中水道二元供水系統，包括宿舍區及校園中水道供水系統，用途如宿舍區次級用水，校園景觀、灑水、人工湖補注水及消防等，據了解，每年可節省約二十五至三十萬噸水量；至於統一企業楊梅廠中水道供水系統，其乳一課與飲料課AB-8、AB-9機台冷卻水配專管至工務大樓供廁所沖洗使用，該系統每年約可節省四〇三、八五六元。而廠區汙水經汙水處理廠處理後，部分供廠區澆花用水，每年亦可節省八、七五五元。

顯然，中水的使用，也就等於增加水源，值得推廣。

灌溉用水，亦可回收

如果未來的水源開發成本提高，糧食成本也勢必提高，因此，由農業部門自行因應農業生產結構來調配用水，推廣循環用水，是必行的方向。

灌溉迴歸水的循環使用，應先評估其水質，其次再檢討其回收方式和可回收水量。如果從用水回收的經濟性及方便性來說，灌溉迴歸水就近回收做為灌溉用水較為可行。其優點包括：灌溉迴歸水通常不須再進行處理即可回收做為灌溉用水，取水點與用水點之距離最近，工程經費較低，回收設施單純，僅須配合農田灌溉系統於適當地點設置蓄水池回收灌溉迴歸水即可，不須另行建設供水系統，可利用原有農田灌溉系統，節省之農田用水，可利用水資源調配之方式支援提供其他標的用水。

灌溉迴歸水做為工業用水或生活用水，除須另設處理設備及供水系統外，因灌溉迴歸水的回收地點離上述兩種用水點距離通常較遠，從工程成本、用水成本及外來營運管理上考量，仍有困難有待克服，加上灌溉用水是隨著作物需求與節令灌溉，並非連續供水，因此，灌溉迴歸水並不是一種穩定的水源，再利用上有其限制。

所謂循環用水當中，還有一種是不能忽略的，就是受汙染的地下水，因為受汙染的地下水，並非不堪用。台灣部分地下水遭受汙染，使得用途受限，但是國際間早就已經有技術「化腐朽為神奇」。

美國南部各州即有利用「逆滲透膜」處理不符水質的地下水實例，其總產能達每日二七〇萬噸，最重要的是，製水成本僅為海水淡化的一半。如果我們將沿海地區遭汙染之井水予以淡化，再以補注地下水，不但可以增加地下水中的淡水層比例而減緩海水入侵，經過長期補注後，也可以增加南部區域沿海地區的地下水。

第2節 海水淡化新趨勢

為避免水源不足成為國內未來工業持續發展瓶頸，積極多元化開發新水源，已經成為未來水資源發展的重要課題。台灣地處海島，四面環海，以海水淡化方式增加水源供應，具有海水取之不盡用之不竭、不受乾旱影響、興建時程短、對環境衝擊小、水質較好，以及具擴充彈性等優勢。根據前經濟部水資源局規劃，發現台灣南部地區設置日產萬噸的海水淡化廠，其造水成本雖高於自來水成本（包含建廠、營運、輸配水方案、設備更新等費用），但是海水淡化技術日趨成熟，且規模愈建愈大，造水成本有下降趨勢，未來海水淡化可能成為具有合理經濟效益之替代水源。

成本昂貴，尚有疑慮

海水淡化這種供水來源，幾乎是無限也不受乾旱的影響。在沿海國家，淡化海水的工程極為普遍，而內陸國家如果想從海邊引水，則需要額外的開銷以及合作。海水淡化技術的發展只需要符合當地的需求，用不著大規模的水利工程計畫。海水淡化計畫也不會造成當地原住民被迫遷移，改變當地居民的生活型態，或是嚴重破壞當地生態。

所謂海水或鹽水淡化（Desalination）是一種水處理技術，其原理乃是利用能源將鹽水（Saline Water）分離成兩部分，一部分為含鹽極低的淡水（Fresh Water），另一部分則為含高鹽量之鹵水（Brine），而由此達成淡化之目的。脫鹽過程主要是將含鹽的水轉化成可飲用的水。此淡化工程也被利用於：淨化含硝酸鹽、除草劑和有機物質的農業排水及工業廢水；藉此改善含高量礦物質的飲用水水質；都市汙水處理；改善飲用水中的味道、惡臭和顏色。

海水淡化技術主要可分為兩大類，一為蒸餾法，另一為薄膜法。蒸餾法又可細分成多級閃化法（Multi-Stage Flash，MSF）、多效蒸餾法（Multi-Effect Distillation，MED）和蒸汽壓縮法（Vapor Compression，VC）等三種。薄膜法主要有電透析法（Electro Dialysis，ED）、逆滲透法（Reverse Osmosis，RO）與薄膜軟化法（Nanofiltration，NF）等。

海水淡化技術迄今已有五十多年的發展歷史。在二次大戰期間，各國為了供應在乾燥地區作戰的軍隊飲水需求，開始重視海（鹹）水淡化技術的研究與應用。美國政府於一九五〇年代成立鹽水中心（Office of Saline Water），進行淡化技術應用之研究。全世界至一九六〇年代末期開始有日產量八千噸海淡廠的興建營運，而薄膜製程一直到一九七〇年代才達到商業化的運轉。

根據國際淡化協會（International Desalination Association，ＩＤＡ）的統計，截至二〇〇六年底為止，全世界共有一四五個國家應用海水淡化系統，淡化水的日產量（單位機組日產一百噸以上者）已達三、二四〇萬噸。其所產製的淡化水不僅用來供應民生用水、公共給水及灌溉用水等，也供應一般工業用水。同時，由於淡化的水也提供做為高科技半導體廠超純水的原水。因此，淡化水的應用可說是非常廣泛。在世界上許多臨海的民主先進國家或地區，海水淡化已經成為與傳統水源同樣重要的新興水源，將海水淡化用來做為有效緩和或解決水資源供需失衡的方案。

人們對海水淡化作用最關心的是，此過程過於昂貴、消耗的能量過多。在某些地方，海水淡化之後的水價是當地傳統水源價格的很多倍（以納米比亞乾旱的北部沿海地區為例，一個新的脫鹽水處理廠生產的脫鹽水將比當地的地下水貴三五％）。然而，技術突破正開始降低淡化海水的價格（雖然還沒有以人為方式降到農業用水所支付的那麼低的水平）。人們往往將海水淡化與現有的供水系統進行成本比較，通常這種比較並沒有進行充分公正的成本／收益分析。為了公正起見，應該與開發其他新的供水來源的成本相比較（而且所有的成本都應該包括在分析之內，如環境成本和社會成本）。採用這種比較方法，人們就會發現從經濟方面和環境方面來說，海水淡化都可以和建造水壩、水渠，以及進行其他新的水利建設相媲美。

最近的突破有望減少海水淡化的成本，重要的是減少了所需的能源。例如，一九八八年，總部設於新加坡的AquaGen跨國公司宣布，它開發出一種更便宜的、可輕易搬運式的淡化處理設備，可在任何地方迅速組裝。AquaGen跨國公司的總裁Gavin Liau聲稱，設備的標準元件系統簡化了安裝程式。一個工廠生產一百立方公尺水（兩萬五千加侖）的成本卻不到三十萬美元。Liau說，AquaGen出售兩種海水淡化設備：一種使用蒸汽，而另一種使用電，從而產生去除鹽分所需要的能量。該公司表示，這兩類設備比目前使用的淡化設備節省了三倍多的能量。安裝這兩類海水淡化設備的工廠相對較小，每天最多生產五千立方公尺的飲用水，相較之下，中東的大工廠每天最多可以生產卅二萬七千立方公尺的飲用水。AquaGen正在進行大規模脫鹽水處理廠的可行性研究，這種工廠每天能處理四萬五千立方公尺水，希望在四年內投入運行。

目前以色列、巴勒斯坦、美國三國的科學家正在從事一項雄心壯志的海水淡化專案。根據參與該工程的一位科學家說，其目的是為了創造一個「淡水充足的新中東」。此專案的一個目標是建造太陽能的海水淡化機，可以安裝在卡車上，並且教村民們使用甚至製造這些機器。該專案也將研究鹽分和汙染物是如何影響水質成分的。根據《世界水利環境工程》雜誌（一九九九年一月），一九九八年七月此專案啟動，並與美國能源部、美國環保署合作。一個更大的太陽能海水淡化設備正在測試之中。這個海水淡化系統完全自給自足，一九九九年早些時候，巴勒斯坦加沙的Al-Azhar大學和日本的Ebara公司對此系統進行了評估。這個系統每天最多能除去六百公升鹹水中的鹽分。這個系統設計的時候是要用來灌溉的，而公司計畫亦同時發展小型的灌溉系統。儘管小型設備的優勢在於它輕便、安裝簡便，該公司也計畫要發展大型設備。由於大型設備沒有多少可拆卸的部分，所需要的維護便很少。

替代能源的新發展也可能推動海水淡化的發展。太陽熱能和燃料電池也可為海水淡化處理廠提供良好的能源。既然太陽能發展潛力很大的地方通常是最需要水的地方，將兩者聯繫起來就有很大的潛力。

早期海水淡化的應用大都集中在乾燥且缺水的中東地區。如今，隨著全世界人口的成長及工商業的發展，各國的用水需求快速增加，在傳統水源開發的成本與困難度逐年增加以及水資源供需情勢日益緊張的情形下，各國紛紛開始尋找新的水源，其中應用淡化技術來開發輔助水源為各先進國家最常採用的方法。除中東、歐美、以及大部分島嶼國家外，亞洲國家如日本、新加坡、南韓、中國大陸與印尼等也都已積極發展或應用海水淡化。

本島首座，落腳桃園

日本國內的海水淡化廠主要應用在工業用水（以發電廠鍋爐用水佔大宗）及離島地區生活用水。自一九六八年日本第一座民生用水海淡廠推動至二〇〇一年止，日本國內共有三六九座日產量五百立方公尺以上的海水淡化廠，每日可供應七七七、九六七立方公尺的淡化水，其中三四七座是供應工業用水，佔總廠數之九四％，供應民生用水的僅二十二座，約佔總廠數之六％。

位於沖繩島每日產製四萬立方公尺淡水的逆滲透式海水淡化廠為目前日本國內最大規模的民生用海水淡化廠，該廠自一九九五年起先提供每日一萬立方公尺之水量，一九九六年提升為每日兩萬五千立方公尺，至一九九七年三月全額運轉，達每日四萬立方公尺，其所生產的淡水與鄰近之北谷淨水場淨化水相混合後供應給一般民生使用。總投資金額約三四七億日圓，由中央政府補助八五％。

福岡市於一九七八年及一九九四年遭遇乾旱缺水，加上人口及用水量持續增加，福岡市水道局為尋求可靠且有效之水源而決定建造海水淡化設施。水道局於一九九七年完成規劃以逆滲透淡化方式，興建日產五萬立方公尺的海水淡化廠，一九九九年厚生省批准興建計畫，福岡大林海水淡化廠遂於二〇〇〇年以統包方式開始興建，已於二〇〇五年六月一日開始供水。

除了日本的例子，台灣的桃園縣多年來為缺水所苦，境內又屬科學工業園區重鎮，縣長朱立倫幾經思考之下，終於承諾在使用者付費原則下籌措操作營運費，因而台灣本島首座海水淡化廠，確定落腳桃園縣。

目前，國內除離島外，台灣本島並未興建海水淡化廠，桃園海淡廠之興建計畫案，主要因縣內大小工廠林立，工業產值居全國之冠，約佔四分之一，然卻面臨水源不足問題，無論乾旱或颱風雨水充沛，都曾嚴重缺水。

為解決桃園地區用水，政府採取多管齊下措施，其中水資源開發項目，除規劃興建高台水庫及桃園大湖外，還要打造一座日產三萬噸、可擴充至七萬五千噸的桃園海水淡化廠。

計畫興建的桃園海水淡化廠，預計工程費四十多億元，由五年五千億元國家重大建設支應，不過，建好後的操作營運費，初估每噸水約需十五．二八元，較目前每噸十元的水價，超出五元多，超出部分的操作營運費，中央視為燙手山芋，要求桃園縣政府承諾解決，否則桃園海淡廠計畫案可能胎死腹中。

朱立倫指出，水資源短缺是台灣必須面對的問題，興建海水淡化廠及海水淡化操作營運成本，雖較目前自來水價高出許多，但政府仍應未雨綢繆，早做妥善因應措施，承諾在使用者付費原則下籌措操作營運費，為縣內工業、民生用水「買保險」。

長期供給，穩定輸送

營運中的澎湖海水淡化廠已經正式納入自來水供水系統，目前每噸淡化成本約新台幣四十元，雖較台灣本島興建海底管線輸水至澎湖所需成本每噸一五八元節省，如果用於台灣本島，在水價尚未合理調整前，其淡化水的成本高於傳統自來水成本。

而澎湖現有海水淡化廠生產每噸自來水所需之耗電量為1.5-2.3kwhr，其能源費用於淡化製水成本中占有極大比率，以目前澎湖供電仍有不足現象來說，所用電力仍由該廠自備發電機（約2MW）發電，須待青山發電廠完工，才能由台灣電力公司供電營運。

海水淡化除有成本高與電力配合問題外，淡化後的水源如何輸送至工廠使用，也是必須考慮的問題。中原大學土木工程系李錦地教授在專案諮詢會議中指出：「海水淡化的問題在於成本和設置地點的問題。」以長生電廠為例，因為管線路徑遭遇百姓抗爭無法佈設，造成電力無法輸送，所以研究設立海水淡化廠，第一就必須先了解路線、土地取得以及輸送問題。

但是無論如何，設立海水淡化廠對工業用水來說，的確有相當大的幫助，尤其是對高科技產業，如果設有海水淡化廠對接單絕對有幫助，因為國外客戶評估風險時，就不用考慮用水的問題。既然設立海水淡化廠有其優點，在政府經費有限，亦須穩定電力配合的情況下，若能獎勵民間投資興建，廣用民間企業之經營績效與豐沛資金，不僅可協助減輕政府財政負擔與經營壓力，亦可提供部分替代水源，甚至將海水淡化廠的經營連結海水景觀，塑造親水空間，鼓勵海洋親水旅遊，亦有發展觀光之附加價值。

第3節 節水方法

二〇〇七年十一月，美國東南部數州遭逢百年來最嚴重的乾旱肆虐，過去十八個月以來，從北卡羅萊納州到阿拉巴馬州都是萬里無雲的晴朗、高溫天氣、作物和草坪被烤焦成一片枯黃，一些城市甚至危急到只剩下三個月的供水。

北卡羅萊納州長麥克·伊斯利要求居民停止使用「與公共衛生及安全無關」的用水。北卡中部的西勒市十月中旬時估計，若不下雨，八千二百位居民將只剩下八十天的水可以使用。而有四百多萬居民的亞特蘭大都會區，其主要水源——蘭尼爾湖，在最糟的情況下，面臨八十天內被抽乾的窘境。

西勒市長十月初要求家家戶戶、各行各業減少用水量五〇%，否則將被處以高額罰鍰，甚至斷水。亞特蘭大的女市長則是哀求市民省水：「拜託，拜託，拜託，沒必要不要用水。」由於情況太過危急，一些店家甚至祭出終極手段。西勒市的餐廳Best Foods不僅把餐具換成紙盤、紙杯，甚至不再供應白開水給客人，想喝水的客人只得點一瓶六九美分的瓶裝水。

喬治亞州長桑尼・普度宣布十月為「縮短沖澡月」，要求公家機關、企業和工廠減少用水量一〇％到一五％，他並呼籲居民把乾枯的草皮和骯髒的車子視為「榮譽獎章」。他想出來的辦法還包括呼籲公務人員一天沖澡一次就好，消防車等公務車輛都不能洗，所有部會每周至少使用一次紙盤。

美國東南部自去年就發生乾旱，但各州官員直到九月才紛紛採取省水措施，招致不少批評。可是，這個地區向來都有豐沛的雨水，難怪州官與百姓都不習慣節約用水。直到今年夏天，亞特蘭大的噴泉依然噴出，足球場的草皮也照常灑水，監獄犯人每天可以沖澡兩次，可口可樂的裝瓶工廠也是產能全開。

每天用水，遠超國際

美國東南部各州面臨的缺水窘境，台灣島內不是沒有體驗過，但是我們從缺水的痛苦經驗中，又學會多少？

根據經濟部水利署二〇〇七年十月的統計顯示，平均每人每日用水量比國際標準值高出四十一公升，相當於全民每年浪費掉一座半的石門水庫，並以台北人用水量最大，超過國際標準值一三八公升，更是驚人的數據。

水利署調查國人用水習慣發現，許多民眾習慣開著水龍頭洗滌物品、洗衣服頻率過高、未裝置省水器材等，都在不知不覺中浪費水資源。然而，近九成的國人卻自認用水節省，顯示節水教育仍有待加強。

有專家建議，節水應從日常生活做起，使用水龍頭時開一半，每分鐘可省水約六公升，每年可省下一座石門水庫的水量，刷牙時盡量使用漱口杯，並以淋浴取代盆浴，每次可省水八十公升。另外在購賣家電用品時，使用領有省水標章、環保標準之省水馬桶、省水洗衣機，和相關省水器材也可大幅節省用水。

台灣每次到了梅雨季，大雨連續下個一星期是常有的事，如果可以有效利用雨水資源，自然就能減少自來水的耗用，日本東京墨田區就是雨水收集措施最成功的地區之一。

東京的墨田區為鼓勵民眾節約用水，近二十年來在各個定點設立貯水槽儲存雨水，並且給予補助金，贊助民眾主動設立水庫儲存雨水。現在墨田區為了更進一步有效地利用雨水，二〇〇七年的六月甚至開始製作雨水蓄水槽地圖，讓民眾可以更了解政府和個人雨水蓄水槽的位置及使用的情況。

墨田區環保課官員說，「尤其是針對天災等意外時，雨水是很大的幫助，希望民眾可以更確切掌握和利用。」

根據《永續發展》雙月刊的報導，澳洲人Michael在家中安裝了一個四千五百公升的雨水貯留槽，並將所貯存的雨水抽到庭園、廁所及洗衣機使用，為了預防雨水貯留槽沒有水可用，Michael將廁所及洗衣機加裝了雙重進水器，當水槽無水可用時，他可以轉成使用自來水，除此之外，他用封閉式的新屋簷排水管取代舊排水管，並將經由排水管所收集到的雨水導入雨水貯留槽，用碎木塊覆蓋庭園的表土；使用有效率的澆水器，將舊洗衣機換成超高等級的前置洗衣機，並將使用二十年的洗碗機，以更省水及省電的機種取代，Michael更定了下一個努力的方向，為挑戰家庭汙水再利用，Michael和他太太Jodie，每天可省超過五百七十公升的水，平均一年下來大約可以省下四個後院游泳池大小的水量，他在省水上的努力，也為他贏得二〇〇四年澳洲節水個人獎的總冠軍。

將雨水依用途分類，例如沖廁所、澆灌時就可直接使用；如果是個人飲用，則透過過濾提高水質，環保課官員指出，過濾裝置有的重量只有七公斤，也有用手就可以過濾的裝置，都是可以在家中簡單過濾的裝置。

台灣的水資源環境近年來在供給面上，新的開發案推動日益困難，原因包括適合開發的天然水資源愈來愈少、成本日益增加及抗爭日益強烈等，因此可利用的天然水資源實為有限。在需求而上，可以減緩用水需求的自來水減漏與節水措施，則在水價未合理調整之前，並無足夠的經費與經濟誘因來推動辦理。

彈性調度，有效管理

為避免在這一代將天然水資源開發殆盡等因素後，二〇〇五年水利署建議實施天然水資源開發利用的總量管制。此外，水利署亦體認台灣地區降雨時間分布不均的特性，將開始推動枯水季天然水資源用量零成長，希望由政府以政策導引擴大節約枯水季天然水資源用量，目標為使二〇二一年枯水季時之天然水資源用量逐漸回降至二〇〇一年的水準，若屆時供水有所不足時，則以海水淡化或水再生利用等新興造水方式因應。

至於豐水季時，因降雨量豐沛，為避免大量河川逕流奔流入海形成浪費，水利署則建議此一時段應加強引用河川水，並引進蓄水設施蓄存，除供豐水季利用外，於枯水季亦可替代較不穩定之河川水，並作為發生枯旱時之備用水源。

在天然水資源開發利用「總量管制」及「枯水季天然水資源用量零成長」兩大策略前提下，未來中長程水資源政策，必須強化非工程管理手段，提高水資源的利用效率。水利署強調，不同區域應視區域水資源供需情勢，優先推動節約用水、彈性調度、有效管理等措施，使用水效率提高，若評估以上作為仍無法滿足未來需求時再適度以多元方式開發包括水庫、人工湖、攔河堰、地下水、雨水貯留利用、農業（灌溉）迴歸水、海水淡化、水回收再生利用等新水源做為因應。

為達成水資源永續利用的願景，水利署提出「天然水資源開發利用總量管制」及「枯水季天然水資源用量零成長」政策目標，而為達成此一目標，最重要的是要先提高生活、工業、農業等各用水標的之用水效率。

水利署指出，提高用水效率之目的係要讓水的使用更加合理化，在達成相同的功能情況下，減少不必要的浪費水量。例如工廠用水可在產量與產值不變的情況下，透過回收再利用來減少須由外部補充之水量；而生活上必須使用到的馬桶、洗衣機、水龍頭等，若能採用符合省水標章之產品，則可在相同功能下節約生活用水量。

省水方法，節流優先

為了台灣地區水資源永續利用，未來水資源政策將調整為「節流」較「開源」優先，即強調節約用水，目前台灣每人每日用水量約三〇〇至四〇〇公升，超出許多先進國家水準，應抑制用水量成長，加強推動節約用水。目前因水價太低，不能反映成本，為造成水資源浪費的重要原因，未來應調整水價，確實反映成本，以價制量。

在減緩民生水量的成長方面，可以鼓勵國人使用省水馬桶、省水龍頭等省水設備，並不斷的經由電視、廣播及報章雜誌等媒體，宣導大家要使用省水設備，並要養成隨時隨地節約用水的良好習慣。

在政府相關部門自一九九四年起大力推動節約用水工作之後，平均用水量在九四及九五年均呈緩降之趨勢，隨後各年或增或減，其中除了二〇〇三年以外，剩餘各年每人每日平均用水量皆低於三百公升，每人每日平均用水量雖呈現有小幅波動現象，但並無明顯成長之趨勢，顯示節約用水觀念，已經初步與國人生活結合。

建立一個節水型的社會，除了需要有全民的節水共識外，更要依靠人人發揮實踐與落實的精神，一方面養成良好的節水習慣，同時並盡量採用省水型的用水設備，才能將國內有限的水資源加以充分利用。

在工業用水方面，獎勵或強制手段促使用水循環使用、加強汙水回收利用、管制地下水超抽、設置中水道系統等，以達成節約用水的目標。

至於農業用水方面，目前佔總用水量約七成比例，在枯水期間，若能兼顧生態平衡及地下水補給，使各標的用水重新合理調整分配，則可大量減緩總用水量之成長，不須一直開發水庫或其他水源，去滿足無止境的需求，以達成「水資源之節省即開發」之目標。另外，農業上若能推廣精密灌溉及養殖用水循環再利用等省水模式，則亦可在不必休耕或停養的情況下，大幅減少對水資源的需求。

另外，改善加強現有水源設施的運用效率，將現有區域性水源之聯合運用，地表水及地下水同時聯合運用，興建攔河堰提高河川逕流之利用效率，加強集水區保育及水源涵養工作，建立農業用水有償移用制度，機動調度農業用水，以及在最小環境衝擊之情況下進行新水源工程計畫。

為達到上述策略，水利署目前規畫建立水資源區域經營體系，同時研擬移用農業用水補償辦法，將地下水資源分區及總量管制，以促進區域水資源的有效調度地表地下水聯合運用，在河川興建攔河堰及固床工，相關區域聯絡管線也應加速興建，現有水庫之清淤及集水區保育整治，現有輸配水設施之維護及老舊管線之汰舊換新，同時進行地下水人工補注。

在生活用水方面，舉一個最實際的例子，就是台灣的馬桶用水比重已達二八％，台灣目前有七百萬戶家庭，若加上機關學校的非省水馬桶應超過一千萬個，如全面換裝為六公升省水馬桶，一年可省下三億噸用水量。事實上以目前製造技術而言，合格的六公升省水馬桶，其沖水機能比之十二到十五公升的馬桶更佳，因此這些十二到十五公升的舊型馬桶無形浪費了許多水資源，加上處理廢水量所增加的成本，這些損失著實不可輕忽。

類似鼓勵民眾更換省水馬桶的做法，在美國已實施多年且成效良好，值得台灣借鏡；在目前台灣水資源開發成本相當高的情況下，若缺乏有效的節水行動，台灣將來一定免除不了嚴重缺水的厄運。

現階段「水資源政策綱領」所強調「節流與開源並重」、「生態保育與開發利用兼顧」及「取水者付費，受限者得償與破壞者得罰」三項 水資源開發原則，水利署決定積極改善現有水資源經濟利用效率的原則納入考量，以符合國際間水資源的發展趨勢，並在生活環境的改善、生產環境的建設及生態環境之維護上取得適當平衡，以達到水資源永續發展的總體目標。

政府積極推動節水

根據節約用水資訊網報導，澳洲有七成的地區雨量在五百毫米以下，容易發生旱災。全國地面水源不多，平均年流量僅有三、四五四億立方公尺。雖然地下水豐富，但澳洲仍不斷採用新的節水灌溉方法。

該國的做法是，把十二公釐的滴水管埋入地下，把水和肥料溶液直接滴灌在番茄等作物的根部，不但節省大量水肥，而且可收穫九成的優質蔬菜，而傳統的灌溉方法只能收穫到六至七成，這種灌溉方法使多餘的肥料不致汙染水渠。又如在果園中，春季落葉對果樹不澆水或少澆水，以抑制果樹生長，進入夏季則多灌水以促進水果的生長。這種方法使果樹長得矮小，不須過多澆水和修剪，但水果產量卻增加了。澳洲執行這樣的節水方案結果顯示，一年可節省用水兩成，水果增產兩成，目前該國的多數果園已採用了這項措施。

台灣農業在推動節水方面，是從很多方面著手。

農業委員會除了加強農田水利設施更新及現代化建設外，最重要就是推動「節水管路灌溉計畫」。由於管路灌溉方法較傳統漫灌或溝灌等約可節省五〇%以上水量，如以雙期稻作比較，估計管路灌溉設施之農田，其每公頃每年約可節省一萬立方公尺水量，則採用管路灌溉方法之農田面積，每年共可節省農業灌溉用水達二億立方公尺，該會乃於一九八三年推行「節水管路灌溉計畫」，迄二〇〇一年底止，全省受補助末端灌溉設施之受益面積二〇、九七八公頃，受益農戶二四、五〇八戶，政府及民間所投入經費達數十億元以上。

農業委員會並在一九九五年六月成立「農田水利合理灌溉用水量及水源可靠水量調查與評估」計畫，期以合理之灌溉水量節約農業用水。也就是在豐水期以高標為灌溉取水目標，於枯水期擴大實施輪灌（所謂輪灌，乃相對續灌而言，田間並非一直保持滿足作物需水量的狀態，而是有數天的土壤水分已無法充分滿足作物）面積，配合「水旱田利用調整計畫」在缺水地區推廣水旱田輪作制度，以提升農業灌溉效率，而所節省的農業用水可用於調度支援民生用水量。

水利署則是委託蓋洛普公司進行全國節約用水民意調查，調查範圍包括台、澎、金、馬地區，該項調查係以年齡在二十歲以上民眾為調查對象，在一九九〇年十一月十九日至二十五日進行電話訪問，共計成功訪問一、一四二份有效樣本，訪問成功率為七七．四八%，抽樣誤差值不超過二．九六%。結果調查發現，有四成二民眾認為缺水問題很嚴重，有五成五民眾認為節流比開源重要；同時，在省水方法中，如政府提供適當補助，有三成七民眾願意換裝省水器材，有五成一民眾願意換裝省水器材配件，此一調查結果，使得該署更有信心持續推動節水措施。

從一九九五年起開始，水利署委託財團法人工業技術研究院能源資源研究所的節水服務團共完成七十五家工廠節約用水技術輔導案次，其所涵蓋的產業包括有電子、化工、紡織及食品等各行業，也就是說，從高科技業至傳統產業均在輔導的範圍內。依據水利署統計，這七十五件輔導案共計有接近七萬噸的日省水量，每年約可有二千一百萬噸之省水量，差不多是五座寶山水庫之容量。而在這七十五件案例中，經濟部總計投入約二千五百萬元輔導經費，而省水量如以平均水價加上工業廢水處理費計算，則可替廠商節省約四億二千萬元之經費；此外，這七十五件輔導個案中，包含台積電、聯電及旺宏等新竹科學工業園區的電子業廠商共計九案次，合計每日可省水約二千四百噸，每年可節省約七十二萬噸的用水量，平均可提升受輔導廠商約二四%之用水回收率，除可替廠商節省約一千五百萬元之水費及排汙費外，對降低廠商之缺水風險亦有助益。

另外，在「省水標章」的驗證制度上，水利署從一九九八年八月起執行該制度後，已經依照「經濟部水資源局省水標章作業要點」公告洗衣機、一段式省水馬桶、二段式省水馬桶、一般水龍頭、感應式水龍頭、自閉式水龍頭、蓮蓬頭、小便斗自動沖水器、省水器材配件、兩段式沖水器等十項產品的規格標準，並委託財團法人工業技術研究院能源與資源研究所節水服務團成立「省水器材效能檢測實驗室」進行省水產品的嚴格檢測，凡廠商提出申請驗證的省水產品，必須經過使用十萬次耐用測試，並達省水量至少五〇％，方通過測試，再經書面審查及辦理現場勘查或產品抽驗，符合規格標準經驗證通過，再核發「省水標章」證書，以鼓勵廠商研發省水器材。據統計，至二〇〇六年計有八縣（市）三十九家合格廠商、二三七件產品獲頒省水標章使用證書，其中合格廠商數以彰化縣十五家最多，占總數之三八・四六％；次為臺北市九家，占總數之二三・〇八％；第三為臺北縣四家，占總數之一〇・二六％；省水標章產品以臺北縣七十九件最多，占總數之三三・三三％；次為臺北市六十八件，占總數之二八・六九％次之；第三為彰化縣三十七件，占總數之一五・六一％。

由於雨水收集貯存處理設備於各項新水源開發方式中對環境之衝擊較小，且易於任何地點設置並方便取用收集之雨水加以利用，為鼓勵裝設雨水貯蓄設施，以因應未來用水劇增之需求，水利署乃擬具雨水貯蓄設施推廣計畫執行要點，據以推廣。

最讓水利署振奮的是，長久積極推廣的中水道二元供水系統，已有初步成果，尤其在學校方面，如雲林科技大學利用中水供應學生宿舍沖廁、澆灌、人工湖補充用水等，年中水利用量達三十萬噸，環球技術學院中水系統年供水量近四萬噸，義守大學自行設置中水系統，年供水量達七萬噸以上。近年來在有限預算內，以南部地區為重點，每年補助數個國中、小學設置中水道二元供水系統，未來將以此為基礎，朝整體性及系統性水再生利用規劃。

生態建築，有效省水

促成水資源再利用，推廣「綠建築」是重要對策之一。

所謂「綠建築」，在日本稱為「環境共生建築」，有些歐美國家稱為「生態建築（Ecological Building）」、「永續建築（Sustainable Building）」，在北美國家則稱為「綠建築（Green Building）」，是生態、環保、永續、環境共生之建築的通稱。較實質的意義為建築生命週期從材料、施工、使用至拆除過程，以最節約能源、最有效利用資源（包含水資源）方式，建造低環境負荷之建築物，亦即「消耗最少地球資源（含水資源），製造最少廢棄物之環境保護建築」。由於「綠建築」可有效節省用水百分之二十以上，未來將成為消費者選購建物考量因素之一。我國政府為了建立綠建築的審核認證制度，提出生物多樣化、綠化量、基地保水、日常節能、二氧化碳減量、廢棄物減量、室內環境、水資源、汙水垃圾改善等九大指標（詳見表一），做為台灣目前綠建築評估的主軸。其中並以採用省水器材及設置雨水貯蓄設施及中水道二元供水再利用系統列為重要之評估基準，且依計畫制定綠建築標章制度。台灣為了綠建築的宣導策略，將這九大指標歸納為生態（Ecology）、節能（Energy Saving）、減廢（Waste Reduction）、健康（Health）等四大範疇，並將「綠建築」簡單定義為「生態、節能、減廢、健康的建築」，以便易於記憶與理解。

行政院國家永續發展委員會於一九九六年成立後，行政院經濟建設委員會即將「綠建築」納入「城鄉永續發展政策」的執行重點，營建署則透過「營建白皮書」正式宣示將全面推動

表一　台灣綠建築九大評估指標系統與地球環境關係

大指標群	指標名稱	與地球環境關係					
		氣候	水	土壤	生物	能源	資材
生態	1.生物多樣性指標	*	*	*	*		
	2.綠化量指標	*	*	*	*		
	3.基地保水指標	*	*	*	*		
節能	4.日常節能指標	*				*	
減廢	5.CO_2減量指標	*				*	*
	6.廢棄物減量指標			*		*	*
健康	7.室內環境指標			*		*	*
	8.水資源指標	*	*				
	9.汙水垃圾改善指標		*		*		*

綠建築政策，環保署亦於「環境白皮書」中配合推動「綠建築」。此外，內政部一九九五年及一九九七年亦於建築技術規則中，增（修）訂「節約能源」條款，規範建築外殼耗能基準值，另為配合一九九八年召開的「全國能源會議」結論，內政部建築研究所乃訂定「綠建築與居住環境科技計畫」據以執行。內政部建築研究所於一九九九年八月十八日頒訂「綠建築標章推動使用作業要點」，同年九月一日開始受理申請綠建築標章。內政部另於二〇〇〇年三月一日函送「綠建築與評估手冊」、「綠建築宣導手冊」與「綠建築標章申請作業手冊」等供各級政府機關興建綠建築之參考，行政院復於二〇〇一年三月八日以台九十內字第〇一〇八〇七號函核定「綠建築推動方案」，明確宣示政府推動永續綠建築之政策，該方案規定中央機關或受其補助達二分之一以上且工程費在五千萬元以上之公有新建建築物，自二〇〇二年一月一日起，應先行取得候選綠建築證書，始得申請建造執照。

法令闕如，無約束力

台灣水資源分布不均，可開發的水源有限，面對未來人口成長與產業發展將使需水量有增加之趨勢，推動節約用水勢在必行，但是目前水利法與自來水法對於節約用水尚無明確規範，僅靠主管機關以勸導或控制水閥流量方式節水，成效其實相當有限。

另外，行政院於一九九四年核定「節約用水措施」，由經濟部召集成立跨部會的「節約用水措施推動小組」負責推動實施。鑒於台灣地區可能的缺水危機，前經濟部水資源局除於一九九九年多次提出「南部地區會缺水」之警訊外，該局為鼓勵消費者採用驗證合格之省水產品，並激勵廠商生產相關省水器材，落實節約用水觀念於日常生活中，以減少水資源之耗用及生活汙水排放，亦於一九九八年八月起推動「省水標章」認證。行政院於一九九八年舉辦「全國國土及水資源會議」已明確規劃二〇一一年時，台灣地區每年總用水量維持在二〇〇億噸以下，所以「省水標章」的制度若能全面落實普及，當有助於目標之達成。但實際上並無強制約束力，使執行成效不能有效提升。

至於營建署推動的「綠建築」認證更是如此，截至監察院水資源調查報告出版前，僅十棟建築物取得「綠建築」認證，其中屬於民間所有者更是僅止於兩棟，顯見「綠建築」在國內尚未普及，更遑論對節能、節水上面的功能。

回收用水，不無小補

推廣節約用水，除了制定法令，明確規範之外，必須針對用水比例最高的農業用水來執行，才會更有效率，例如推動省水灌溉就是不錯的方法。

台灣都會區人口密度高，用水量可觀，建築物與開放空間若能導入雨水收集再利用系統，等於廣建迷你小水庫，除可省水外，亦可紓解都市地表逕流量暴增，目前經認證的「綠

分用水。

建築」雖僅十棟，惟多數建築物於條件許可之原則下，若能導入雨水利用設施，亦可節約部分用水。

「綠建築推動方案」更不宜偏廢，如果能持續執行與推廣，可節約大量用水，營造優質生態社區，創造優質環境。

推動都市汙水處理廠放流水與海洋放流管放流水的再利用，亦可紓解部分用水負荷。營建署曾經考慮修正下水道法，列入下水道規劃建設應考量放流水回收利用，期將水資源回收之觀念法制化，俾於法有據，但是下水道法在二〇〇七年一月三日修正時並未納入。根據營建署統計結果，目前全台運轉中較具規模之公共汙水處理廠及每日平均處理水量，分別有台北市民生汙水處理廠約一萬五千噸，台北縣八里汙水處理廠蛋形消化槽約八十萬噸，台中市福田汙水處理廠約五萬噸，台南市汙水處理廠約七萬噸，高雄市中區汙水處理廠約六十萬噸，該等處理水平時均經由一級或二級處理後才予排放，部分處理水則回收供應汙水處理廠內循環使用，主要用途為供應非飲用或不與人體接觸之非民生用水，包括公園綠地及行道路樹之澆灌、清洗街道、洗車、消防用水或馬桶沖洗用水，以台南市為例，每日七萬噸的二級處理水約為台南市每日澆灌用水的兩千倍，又如馬桶沖洗用水每人每日約需八十公升，則七萬噸之回收水足可供應八十七萬五千人之沖水需求，節水成效甚大。

第4節 一起來抓漏

輸水管線漏水率與回收用水再利用率也是影響水資源供應的重要因素。依據經濟部資料顯示，由於水價長期未能反映成本，使得台灣省自來水公司缺乏財力汰換老舊管線，根據自來水公司的估計，目前管線漏水率（當年管線漏水量佔當年總配水量比率）高達二四．六％，也就是通過管線的供水中有將近四分之一是未加利用而流失掉的，這一漏水率是日本的三．五倍。若以一九九九年為例，台灣地區一年漏水量高達八億噸（依平均水價每噸一〇．七元計算，台灣一年因漏水損失超過八十億元），相當於兩座翡翠水庫的水量，也就是說，若能將漏水率再降低百分之五十，台灣無形中將多出一座翡翠水庫之水量。行政院決定在「大溫暖、大投資」公共建設套案計畫中，大力支持自來水管線汰換計畫，預計至二〇一五年將漏水率由二四．六％降至一八％，所需投入預算高達近五百億元。

經濟部表示，省自來水公司原本希望將汰換率提高至一．五％的「世界公認合理汰換率」，但在財力有限的情況下是否能達到每年汰換一．五％管線，實在沒有把握。由於台灣省自來水公司財力拮据，長期以來管線汰換率不到〇．二％，還是拜近八年擴大內需之賜，才使得汰換率升至〇．九九％，且在有限的經費下，所採用的水管不是最好的，因此漏水才會這麼嚴重。

經濟部指出，日本為防止自來水管線漏水，自一九五〇年至二〇〇〇年間，共投入約台幣六千七百二十三億元，汰換老舊管線，所減少的漏水率達四二．九％，成效卓著。

資料顯示，美國漏水率為一四．五％、德國九％、瑞士九．一％，都遠低於台灣的二四．六％，這些國家的管線汰換率均在一．四五％至三．五％之間。換言之，美國所有的自來水管線約二十九年循環更新一次、日本二十年、台灣卻要一百零一年。

經濟部指出，台灣省自來水供水區（除翡翠水庫供水區外）近八年的年平均自來水管線汰換率僅〇．九九％，換言之，每一百零一年才能更新所有的管線一次；但是，日本管線年汰換率達五％，每二十年即更新一次，這正是導致台灣漏水率高達二三．六六％（截至二〇〇七年），日本漏水率僅七．一％的最重要原因。

政院決定未來三年，包括汰換管線及改善偏遠地區自來水計畫。但是財政、主計單位憂心無米之炊，財源籌措困難，行政院決定朝「調移交通建設優先順序」籌措財源。將漏水率從目前二三．六六％降至一八％，約需投入近五百億元，優先以台中地區、高雄地區及桃園地區進行減漏計畫。

小區計量，偵漏檢修

根據台北市政府統計，二〇〇〇年至二〇〇七年，台北市自來水每年平均要漏掉近三成的水（二〇〇七年還有二七%），台北自來水事業處原定以三十年時間、新台幣四百億元預算分期改善管線，台北自來水事業處表示，藉「小區計量」、全面抽換三千六百多公里逾齡管線及水表等配套多管齊下，預定二〇二四年以前就可以兩百億元預算完成全台北市的「修漏」工程，將漏水率降到一〇%。

台北市自來水管線漏水問題嚴重，如二〇〇四年公館國小湧泉就曾被揭露是長達二十餘年的水管漏水，為改善漏水狀況，台北自來水事業處檢討漏水主因為管線汰換率偏低、管線材質不佳、防火巷管線維修困難、同巷道多條給水管、施工挖損漏水、各種管線重疊錯置、部分殘管斷管未徹底、施工品質不佳及管線資料不全等。

台北自來水事業處供水科科長陳錦祥指出，台北市有許多管線是七〇年代就已經埋設，不僅材質不佳且歷時久遠，因此計畫以每年二%以上的汰換率為目標；此外，調查顯示PVC、PB等材質老舊管線中有高達九〇%產生腐蝕、龜裂情形，因此新換的配水管將改以石墨鑄鐵管材質，而給水管則改用不銹鋼等較耐久的材質。

其實，從工程管理的角度看，若管線材質符合設計圖說的規範與規格，便可維持一定的使用年限；只要按時汰舊換新，應該不會因為管線的腐蝕、銹蝕破損而發生漏水的情形。反而是管線施工時的品質不良，諸如基礎施工不確實（偷工減料）、管線接頭施工不嚴密、鬆動、土方或配料回填不符施作標準、施工不慎或埋深不足、覆土深度不足所造成的壓裂破損等，才是日後管線漏水的主要因素。

建設完成的配水管線若發生漏水情事，偵漏與檢修是一件高難度的工程技術。尤其是埋設在地下的輸配水管路，除非地面已經產生了明顯的漏水流跡，否則很難被察覺；但若漏水只往土壤下層流失，那麼就只有在發生基礎被掏空塌陷或損鄰事件之後，才會有被察覺的一天。不過，即使有跡可循，工程人員想要按著流水痕跡追蹤破漏位置，也不見得容易，因此才有「土木師傅怕抓漏、醫生怕治咳」的比擬。所以，就算平時有意進行偵漏換修工作，只要考慮到追蹤定位破漏點的困難，及因而可能帶給局部地區用水戶的減壓或停水影響，便很難會全面執行。也因此長年以來，自來水管線漏水嚴重的問題，便一直高懸著而無法改善。

台北自來水事業處指出，「小區計量」是利用分區統一裝表計算進、出水量，以找出漏水區域提高檢測效率；二〇〇三年曾經在台北市老舊社區及老舊管線集中區內選擇十區、近六百戶家庭，進行分區水量進出監測，解決大海撈針的抓漏困難，平均售水率也由五四%提升至八七%，繼續施行，對抓漏絕對有幫助。

量水設備，尚未普及

目前政府相關機關執行管線漏水的改善，除了水利署針對大型計量設備檢校、系統性執行管線測漏工作、提升自來水系統整體監控功能，與加強制水閥維護等工作外，台北自來水事業處也積極「抓漏」。

根據行政院研究發展考核委員會在二〇〇二年的調查指出，有五成一的受訪者認為自來水管漏水問題嚴重，有二成受訪者認為不嚴重；有四成九的受訪者滿意家中自來水水質，四成受訪者不滿意。而用水管理制度的癥結問題則在於：未強制裝設量水設備，無法正確掌握水量。

由於無法正確掌握水量，是以售水量如何，並非正確。售水量係指真正收到水費的使用量，反映出用戶端水錶所計量數字之總和，至於因公務用途，如消防、業務、工程用水等，或用戶水錶不準確所造成之表差，並未計入售水量，台北自來水事業處為確實掌握各項目的水量，全面檢討過去對無計費水量的推估方式，並參考鄰近日本等國做法及世界自來水年會發表報告，採用科學方法逐項檢視計算方法，自二〇〇一年六月起重新訂定一套水量產銷之計算方式。將配水量分為「有效水量」及「無效水量」兩大部分，並針對該兩部分分別列出相關對應項目，其中「有效水量」係指已達到使用功能的水量，可再細分為「計費水量」及「不計費水量」兩部分，又「計費水量」係指達到使用功能且有收費的水量，包括一般用水、支援用水小量、市政用水、挖損賠償水量等，至於「不計費水量」係指達到使用功能惟未收費的水量，包括消防、業務、工程用水、核減水量等；而「無效水量」係指「漏水量」與被其他施工單位挖破管線漏水而未查到的水量。

台北自來水事業處對於供水系統之輸水幹線、淨水設施與加壓設施維護，持續有系統地進行，同時亦配合計量器之設置與運用來偵測供水狀況變化，以防制漏水現象。並依據舊有管線之材質、使用年限、分佈範圍、漏水情形及財務狀況等因素，逐年編列預算，進行老舊管線之汰換與維修。

從一九七七年起，到一九九八年為止，台北自來水事業處共汰換管線計五八〇公里；由於台北自來水事業處的自來水系統已有九十餘年歷史，地下管線種類多且埋管環境複雜，另自來水輸配水管加上給水管線，全長超過六千公里，因此台北自來水事業處係依據管線材質、使用年限、分佈範圍、漏水情形及財務狀況等因素，辦理老舊管線之汰換，自一九九九年起，配合行政院擴大內需方案辦理「汰換舊漏管線計畫」，總經費二十五億元，中央補助十二．五億，此為該處成立以來最大規模之管網維護計畫，統計至二〇〇二年七月二十五日止，已汰換管線二〇一公里。

緊急修漏，爭取效率

由於地下漏水不易察覺，有賴專業技術與精密儀器的檢測，始能查到漏水的正確位置，俾便順利挖修。台北自來水事業處自一九九六年度起，改變以往被動修漏為主之維修方式，開始委託專業測漏公司，藉助現代化測漏設備，對於供水區域內所有配水管與給水管，進行分區循環地下漏水檢測作業，以期及早查出地下漏水點並予以修復，有效減少漏水損失。統計自一九九九年度至二〇〇二年六月底止，共計完成四、六二五公里管線分區巡迴檢測作業，檢出地下漏水件數五、四三五件，其中二〇〇一年完成管線檢測二、三七九公里，檢出地下漏水三、四三三件。

台北自來水事業處將有系統地進行分區循環地下漏水檢測作業，全面檢測輸配水管線、給水管線及埋設多年有可能發生漏水之管線，實施委外聽音輪檢作業，以查知地下管線是否有漏水情況。將自二〇〇三年度起五年內，預計檢測管線長度一二、〇〇〇公里，估計每年可檢出地下漏水件數約一、八〇〇件，預估每年減少漏水總量約二、六〇〇萬噸。

台灣省自來水公司則是除了固定的檢漏、汰換作業、管網維護外，最積極的表現就屬「〇九〇六防止漏水提高修漏效率行動方案」。而這個方案的績效指標為「管線修漏情形管制月報表」，以二〇〇一年為例，該公司修漏之案件數於緊急案件方面，有四一、四八六件已全部修復完成，其中四一、三九六件於規定時限內完成，比率為九九・七八％。非緊急案件方面；二七四、一三〇件已全部修復完成，其中二七一、九三四件於規定時限內完成，比率為九九・二〇％；民眾遇有漏水向該公司通報，可經由電話（含全區〇八〇〇-〇〇〇八七六免付費電話）、E-mail、或直接向該公司各單位告知，該公司各單位於接獲漏水訊息後登錄處理，並遵循「〇九〇六防止漏水提高修漏效率行動方案」依序處置。

依據該公司訂頒之「〇九〇六防止漏水提高修漏效率行動方案」規定，管線修漏分緊急案件及非緊急案件；其中，緊急案件應即刻調配維修人員，攜帶基本工具（含閥栓開關器、交通警示設施等）至遲應於「一小時內」趕赴現場（如遇交通尖峰時段或不可抗拒因素情況除外）勘查、處理並維持交通安全；緊急案件應以當日修復通水為原則，原則上包括：影響區域供水或民眾反映漏水量較大之漏水案件、漏水導致路面凸起或凹陷及影響交通安全案件（含閥、栓盒蓋及窨井人孔蓋等）、其他用戶急需處理案件等；非緊急案件，應於兩天內修復完成；該公司修漏作業由分佈於全省各地區之給水廠、營運所或服務所負責執行，惟因該公司實施精簡用人政策，退休不補已多年，目前大部分廠、所之可委外修漏工作已發包施工。因此，大部分廠、所僅保有最基本之管線維修人力，規模較小之廠、所其維修人力分配尚不足一人。

該公司另依據長程發展計畫，每年度均編列有固定預算辦理管線汰換工程，二〇〇二年度預算數為八億元，計畫辦理一一二〇件抽換工程，汰換管長一四二公里；二〇〇三年度預算數為十五億元，計畫辦理二〇六件抽換工程，預計抽換管長二九一公里；二〇〇三至二〇一二年度該公司另行研擬「十年汰換計畫」，初步預估每年執行七十億汰換工程，由於該公司財務狀況亟待改善，所需經費已由立法院黨團協商決議「由行政院編列專款補助」在案，目前該公司已依上述決議研擬計畫中。

漏水問題，亟待解決

台灣省自來水公司估計目前（二〇〇七年）漏水率（當年管線漏水量占當年總配水量比率）約二三・六六%，由於修漏管線為經常性的維護管理工作，日本等先進國家均以逐年更新方式逐年汰換，若將台灣地區老舊管線全面汰換約需二千億元，相當於我國二十餘年水資源公共建設開發經費，然由於修漏經費編列不足，使得管線漏水問題尚未全面解決。

水資源之管理，首重正確數據之掌握，由於自來水事業對於出水量、售水量、無費水量之統計數據尚非完備，使得漏水率之計算結果不同。前經濟部水資源局局長徐享崑參加監察院諮詢會議時即指出：「要做好水資源的管理，最重要的是要掌握數量原則，水資源有多少來源？有多少使用的量？比較可惜的是，現在沒有一個專責的單位去對數量做深入的調查研究，所以現在還是維持一個比較模糊的狀態。現在各單位提出來的數字都比較有問題，就連最近報章雜誌提到有關漏水率的問題也是一樣，漏水率是不是真的這麼大？那為何有這樣一個數字呢？因為它是為了某一個目的去計算得到的，如果有心人士拿來當漏水率，經過媒體一報導通通變成是漏水率，事實上那個是無費水量，沒有計算在水費裡面的水量，所以裡面差距很大。」

中原大學土木工程系李錦地教授參加監察院諮詢會議時更指明：「我們的管線設施維護

不足以及分區測定壓力的系統不足。檢測漏水是把某個區域的水閥全部關起來，如果還有水流動就表示漏水，但是問題在於我們水閥關不緊，水的流動就難以判斷是漏水還是水閥關不緊！所以基本上要從管線圖籍的完整建立跟分區水壓系統的建立以及系統的維護做起，才有辦法了解管線漏水有多少，它是一個區一個區來測的，水閥關不緊就難以判斷是漏水還是水閥關不緊。」因此，水資源缺乏正確的統計數據，使得漏水率的計算，不僅與實際情形有所差異，也讓民眾在身體力行節約用水的時候，無所適從。

老舊管線，全面抽換

面對林林總總的自來水管線漏水的問題，首要便是解決老舊自來水管線的抽換。由於自來水價長期偏低，無法反映成本，使得自來水老舊管線，欠缺經費全面抽換，導致自來水漏水率偏高，如果剛好發生在乾旱時期，偏高的漏水率，無異浪費寶貴水資源。

日本東京都水道局一九九八至二〇〇〇年的漏水率分別為七．九五％、七．六一％及七．一四％，其漏水率較低係因其於一九五〇年戰後初期，受戰爭大規模破壞，管線漏水較易查察，管線抽換較易辦理，平均每年可減少漏水損失一．六九％至四％之間，至一九六〇年時，已將漏水率降低至二二％左右，惟嗣後因工商發展、交通流量大增，管線漏水較難發現，管線抽換較為緩慢，平均每年僅減少〇．三％至〇．四％的漏水，但是日本東京都水道局仍持續進行漏水防治工作，因此在二○○○年時，已將漏水率降低至七．一%。足見抽換自來水老舊管線，以降低漏水率，為政府部門當務之急。

另外，由於自來水管線大多位於地面以下，無法以目視察覺，又市區道路交通繁忙，以人工逐段執行檢漏，作業環境有其限制與危險性，因此，引進先進的檢漏技術，並推動「自來水供水系統檢修漏改善方針」，當可減少漏水量。

最後就是正確掌控水量統計數據，制定統一之漏水率計算公式。由於目前「無費水量」的統計數據不足且未有全國一致之漏水率計算公式，使得輿論報導之漏水率與實際漏水率間有所差異，台灣省自來水協會秘書長劉家堯在專案諮詢會議指出：「日本過去漏水百分之五十，現在才百分之七！我相信日本的資料很確實，因為他們做事一板一眼。在台灣一個火災發生後，要台灣省自來水公司計算消防用水量，是根據燒幾個小時、水壓多大計算而得的估計值而已！日本則是消防車有裝水錶確實量測，依紀錄收費用，我們台灣沒有收費，他們不是向消防隊收費，而是由主管機關付錢。」為解決此一問題，宜正確掌控水量統計數據，並制定統一的漏水率計算公式，以全盤掌控水資源利用現況。

第5節 以價制量

節水是環保的重要一環，然而台灣水費長期偏低（台灣水費一公升七．七元到十元、新加坡十三．六元、香港十九．四元、東京三十九．六元），造成間接不珍惜水資源；這幾年不論產、官、學、研界都戮力討論研究，清楚知道須調整台灣地區的合理水價，能使節約用水更為有效，但卻礙於政治及民眾的短期利益，而一再延宕多時，有時人們會覺得奇怪，在國內電價及油價都能立即反映國際成本並調整，為何獨漏水價在外？

台灣地區自來水現行水價已近十年未調整，自來水事業單位累計負債已達五百餘億元，不僅影響該公司正常營運，也對台灣水資源開發 與節流產生重大負面衝擊。

與先進國家、水資源豐富國家及亞洲鄰近國家比較，我國水價明顯偏低，先進國家水價約為我國水價兩倍以上。另水費佔家庭消費支出僅〇．三至〇．四%，與世界衛生組織認定合理值二%至四%，相去甚遠。

水價長期未調整第一個直接影響，就是造成事業單位財務日趨惡化，不僅無法正常營運且影響供水品質，導致自來水公司無法累積資金，適時辦理新擴建工程，以增加自來水量之產能，致供需失衡，各地將發生缺水現象。

自來水公司囿於財務不佳，除上述無法如期辦理新擴建工程，發生缺水現象外，近年來年平均管線汰換率僅〇・四八％，與世界自來水年會之建議：「各自來水事業之管線年更換率為一．五％以上」，相差甚遠，若將來仍無足夠資金，加強辦理管線汰換工作，勢必使漏水率提升，造成供水量不足。

此外，原水受汙染之情形日益嚴重，及隨著生活水準之提高，用戶對水質之要求亦隨之提高，而提升水質所需之設備及處理費用，均相當昂貴，依目前自來水公司之財務狀況，實無力負擔此龐大之經費。

低廉之水價易造成用水浪費，亦無促使用戶使用省水器材或廢水回收再利用之誘因，對促進節約用水不利，導致水資源發生短缺現象，致嚴重影響水資源之永續利用。

反映水價，以價制量

台灣每年降雨量雖豐，但豐、枯兩期的分佈極不平均，復以台灣地質多屬砂岩及泥岩，造成地表刷深嚴重、部分公共工程不當開發、水土保持不佳，導致各地水庫功能變差，更易造成台灣地區性的缺水風險。可預見的未來，若這些問題不徹底檢討，缺水問題將愈趨嚴重。

長期來看，政府除應善盡監督及管理之責外，公共工程的開發同時也應兼顧對環境的保護；地方政府對山坡地的濫墾更須持續監督，若有不法也要拿出魄力嚴予懲處。至於廠商投資設廠固有益於台灣經濟，但對於缺水風險相對升高的此刻，政府必須要求廠商對水資源的再運用有更精緻的規劃。

此外政府不論興建水庫、埋設引水管道，工程品質要確實做得更完善，否則未來將花費更多預算在修復工程上，無疑是浪費全民荷包。

紓解缺水風險固可藉新水源開發解決，但正本清源之策仍在「節約用水」，目前國內水價過低，使民眾不珍惜水資源，合理反映水價，以價制量恐怕才是政府長期的因應之策。

水利署預估水價調整的影響，在家庭用戶方面，由於七〇%以上家庭用水每月用水量低於卅度，又水費占家庭消費支出僅約〇・三～〇・四%，水價調整對一般家庭用戶衝擊極為輕微，以水價調整三〇%為例，家庭用戶每月水費支出增加不到一百元。

水價對工業影響方面，國內大部分之工廠用水支出佔生產成本比例甚低，如鋼鐵業約為〇・六%、液晶面板產業約為〇・一%、食品業約為〇・六%、半導體約為二%。由於水費佔大部分產業生產成本之比例甚低，水價調整之影響實際並不大；此外，經濟部節約用水推動小組多年來輔導廠商提高工業用水回收利用，大部分工業可因此減少水價調整之衝擊。

依據台灣經濟研究院分析，水價調漲一、三、五及七・五七元（漲幅一〇%、三〇%、五〇%及七〇%），實質GDP減少〇・〇〇九%、〇・〇二八%、〇・〇四七%及〇・六八%；消費者物價上漲〇・〇三八%、〇・一〇三%、〇・一六一%及〇・二二三%，可見水價調整對經濟影響實屬輕微。

二十一世紀的水資源經營，必須在台灣島嶼獨特且有限的水資源限制下，以節約用水為長期性工作，過去水利署主要在建構一個節水的環境，讓各種制度與技術應運而生，雖已初見成效，但仍有改善空間，未來應朝法制化與制度化努力，俾加強落實節水措施，達永續利用的目標，打造節水型社會。

適當調整水價有其必要性

石門水庫高齡老舊，已經是個不爭的事實，因為淤沙造成每年缺水四億噸，而桃園科學園區卻仍積極開發招商，新的社區不斷在開發，如果沒有適當法令節制，未來大台北地區的缺水夢魘將從偶發性變成經常性困境。而在北台灣已經沒有開發大型水庫的空間下，用非工程手段進行節流才是根本解決之道，政府應該適當調整水價，讓節約用水不只是口號和政治問題，而是讓國家永續發展的良方。

現在台灣面臨的困境是，大台北地區面臨缺四億噸的供水。至二〇〇四年為止，石門水庫有八千七百多萬噸的淤沙，而且每年的淤沙量都一直在增加，使得石門水庫庫容減少，而清理一噸淤沙的成本約三百至四百元台幣，試想八千七百多萬噸的淤沙要一一清除，得花上兩兆多元的驚人代價，而且這些淤沙要丟到哪兒又是另一個頭痛的問題，現在水利署雖然試圖以分層取水的方式來降低濁度，但這些都是治標而不是治本的方法。

台灣缺水嗎？其實台灣還有很大的節約用水空間！問題出在我們的政策無法將水資源做整體有效的運用。台灣大學土木系教授李鴻源說：「台灣每人平均每天用水三〇〇至四〇〇公升，而歐美國家每天用水卻只有一五〇公升，歐美國家的水價一度高達台幣四十元，台灣的水價卻是台北市一度七元，台灣省一度九元，台灣自詡為GDP一萬四千多美金的已開發國家，用水量卻是歐美的兩倍多，而水價則是第三世界開發中國家的水平，就連中國大陸的水價都足足是台灣的兩倍多！」

李鴻源接著說：「大家可能不知道，目前建造一座水庫開發原水的成本一度是二十二元，而海水淡化的成本更高達四十元，相形之下更凸顯台灣水價的不合理，水利署為了反映成本，多次在行政院提出水價調漲方案，都被打了回票，事實上合理調漲水價對一般民眾的生活並不會造成太大負擔，反而是企業受到的影響及壓力會比較大，試問政府究竟是在為民眾還是為企業看緊荷包？」

歐美國家以合理的水價讓民眾體會水資源的珍貴，同時強制企業回收水資源的比率必須高達九〇％以上，節約用水落實在日常生活當中。反觀台灣，政府提倡節約用水已經二、三十年，但卻僅止於道德勸說，並沒有政策的配套，民眾及企業團體甚至政府機構自身根本不會想節約用水；同時過低的水價也造成自來水公司沒有經費可以進行管線更新，台灣的自來水管線漏水率高達二四．六％。於是，民眾平日因為水價過低浪費水資源成性，遇到颱風卻又陷入缺水危機的窘境。

大台北地區缺水，民怨四起，政府處理民怨的模式通常是讓官員下台負責，只不過缺水問題不是讓誰下台就可以解決，李鴻源認為：「政府應該改變決策的邏輯，從政策面根本思考，讓民眾及企業團體都能做到最基本的節約用水，接著再考量城市開發及國土利用的前提下，進行全台水資源的有效調配及運用。」尤其現在全球面臨氣候變遷，水資源管理也就更顯重要，然而至今台灣並沒有一套精確而完整的水文資料，因為基本資料的蒐集吃力不討好，長期在選票及經費的考量下總是被犧牲掉，造成今日面臨水災或缺水問題時，沒有一個精準的水文數據可做為政策規劃及執行的依據。

水價成本，未能反映

目前自來水事業採用統一水價收取水費，雖具有收費方便、民眾易於瞭解之優點，但是各區自來水生產成本不同、季節變化造成之成本差異各異，統一價格造成實質上累退費率效應，反而優惠超大型用水戶，形成不公平現象。

而原水開發成本每公噸達三十元，但是每公噸自來水價僅七至十元，無法有效反映成本，不僅使得節約用水推行不易，亦使得管線修漏經費不足。台灣省自來水協會秘書長劉家堯在專案諮詢會議指出：「水價不適當調高的話，對我們國家的負面影響實在太大，水價低用水就不珍惜，大家浪費用水的話，用水量就會大，用水量大又要去找水源，找到水源又去開發水源，開發水源又越來越貴，也就變成大家的負擔，這個要讓民眾知道一下，這個負面影響太大了！水價沒有調整，更新設備也沒有做、埋了七、八十年的管線也沒有抽換，必須更新的工程也沒有做，大家都要知道這個負面的影響，所以水價調整是當務之急。」他接著說：「像澎湖馬公那邊的大飯店用水一個月用水量很大，從台灣船運過去的水一度水要兩百塊，海淡一度水要五十元，他們用那麼多的水，一度水也只要七、八元，這是很不公平的，但是我們沒有辦法做分區。像南投高地區三段加壓供水被拿去灌溉茶園，這是很可惜的！」

政府當然知道現行的水價是不合理的，但是一說到要調整水價，卻得面臨許多困難。這不僅僅是指民眾的反彈，對於企業主來說，亦復如此。在國內土地、勞力等生產成本價格明顯較大陸高出許多的時候，國內產業外移中國大陸愈來愈嚴重，因此，前行政院長張俊雄在二〇〇二年一月初裁示，二〇〇三年底大高雄地區水質未改善前，不調整台灣省自來水公司的自來水水價，這將使國內水價可望低於大陸部分地區，以留住國內產業。政府還有一個考量，就是民眾任意抽取地下水時有所聞，如果水價調整幅度超過民眾負擔，恐怕使得部分民眾盜抽地下水更加頻繁且嚴重，對整體水資源之利用，不見得有利。

在這樣的情況下，立法訂定合理的水價計算公式，便成為當務之急。尤其水資源有限，如果台灣地區水價偏低，將影響自來水管線維護與自來水事業的永續經營，也更無法提供民眾節水的誘因。

水價調整雖可促使民眾節約用水，並解決修漏經費不足問題，台灣省自來水協會秘書長劉家堯在專案諮詢會議指出：「假如水價能夠提高百分之三十的話，可以增加幾十億的收入，但是其實我們要做的事情太多了，包括給水管線的更新等等也都沒有做，所以一定要加速採取步驟。」

台北大學資源管理研究所陳秋楊教授亦在專案諮詢會議指出：「水價調整，要從兩方面著手，要教育人家：水是資源，資源的利用要付出代價。要建立成本觀念，台灣不只是水價比國外便宜，目前根本是不敷成本！不敷成本要如何經營？所以水價有必要盡快調整，早期有省政府、省議會等等，現在既然是國營事業，應該有一個水價的調整機制，不管是水價審議委員會也好，或者是計算的公式也好，這個都有了，要趕快落實！」但是調整水價之時，應考量哪些因素，才不致影響產業生產成本與迫使民眾盜用地下水，值得研究探討。

結語

眼前的二十一世紀，人們面臨著許多挑戰，其中最大之一便是如何滿足一百億、一百二十億甚至一百五十億人對於食物、淨水、衛生和健康需求。只是，當世界人口只有五十億時，我們尚且做不到。例如，在一九九〇年，有十二億三千萬人缺乏潔淨的飲水，有十七億四千萬人缺乏足夠的衛生服務。

然而，讓我們更加困難的是一個不確定但潛在幅度很大的問題：地球大氣的變化，包括臭氧層和全球氣候變遷。這個變化對水資源的影響肯定是不可忽視的。

在一九九六年，IPCC（政府間氣候變化專門委員會）的評估指出：「更暖的氣溫會導致更強的水文循環；這可以解釋為在有些地方預期會有更嚴重的旱災或水災，在其他地方會有較不嚴重的旱災或水災。有幾個模型顯示降水量增加，暗示著可能會有更極端的降雨事件。」

最明顯的例子是，熱帶雨林將無法抵抗連續兩年乾旱，而大批死亡。熱帶降雨顯著減少，導致亞馬遜雨林的消失加速、沙漠化。

森林砍伐是促使土壤侵蝕和地球沙漠化的主要因素。過去，亞馬遜地區降雨量當中，有四分之一從森林土壤直接蒸發，約二分之一從植物蒸發回到大氣裡，剩下的四分之一則流入大西洋。現在，由於森林砍伐嚴重，這個比率正好逆轉，約四分之三流入海洋。結果，應該化成雨水的大氣水分銳減，降雨量隨之減少。水既然減少，生態系統當然產生變化。

這一百年來全世界的地面氣溫平均上升攝氏〇．六度，森林砍伐也增加了大氣中的溫室效應氣體（主要是二氧化碳）。「暖化」所造成的影響，包括海平面上升，氣候、農業、水資源及生態系統的不穩定等，加上經濟上的損失，大到難以估計。

過去一、二百年來，人們競逐著經濟成長，不自覺的在地球上進行一項龐大、史無前例的氣候實驗。現在，當我們突然發現這個遊戲有點危險、不想玩，卻沒有人可以控制這個實驗，遊戲自個兒繼續進行著，我們想脫身，卻身陷其中。

台灣的水資源危機，是因為數十年的積極建設，累積衍生出的後遺症，諸如水源河川汙染，土壤地下水汙染等正逐漸凸顯出來。其中，飲用水是最直接影響民生需求的。

根據聯合國統計，全球現下有三分之二的人口，無法取得日常且安全所需的飲用水水源，並且，人口數仍在逐年增加之中。相較之下，台灣的自來水普及率以及飲用水的安全性現況，都超越平均水準以上，只不過，後者的危機卻已開始逐年顯現，以致瓶裝水的取代用量日增，尤其在大都會區如此。

以地表水水源為主的飲用水危機，與水源地管理失靈有直接關係。若以大台北地區最主要的水源——北勢溪與南勢溪為例，北勢溪上游翡翠水庫的管理在台灣諸水源地管理中原可稱首屈一指，然而台北水源特定區管理局對諸多周邊土地之利用作為仍有職權不及之處。

例如對當年北宜快速道路的興建，以及，曾經喧騰一時的坪林便道開放案，兩者幾皆無台北水源特定區管理局置喙的地方。另外，歷年紛爭雖常發生在北勢溪，但另一提供一半以上水量的南勢溪，其沿岸管理卻很被動，以烏來的溫泉業對飲用水水源所呈的威脅來說，真可謂日甚一日，若繼續放任現狀於不顧，則大台北地區飲水的安全，其實危機近矣。

台灣西海岸的地面飲用水源，亦多類似翡翠水庫由其他水庫供給。只是不少水庫現正飽受優養化的危害。「優養」雖是所有湖泊的自然演化過程，但優養現象的加速化則係完全來自人為管控的失靈。整體而言，在這屬全球性危機課題下，台灣居民必須更該警覺屬於我們自己的嚴重問題。

隨著人口膨脹、工業化，一向被認為取之不盡、用之不竭的水資源，因過度不當的消耗，成了人們爭奪的資源。而氣候的變遷又使得自然環境日益惡化，一遇大雨就洪患頻仍，數月不雨則造成嚴重水荒。以每年夏季的「缺水」問題來說，究竟是天災？還是人禍？

從供給面來看，水資源的供給要維持穩定與充足，除了仰賴自然調節之外，最重要的，必須維護一個完整的山林生態系。台灣由於先天雨量分配不均，加上森林時而遭到人為嚴重破壞，水源的開發供應則過分仰賴大型水庫，使得水源的供應不穩定，甚至匱乏。

從需求面來看，主要需求有民生用水、工業用水及農業用水。人口增長使得民生用水量逐年增加；高科技工業發展造成工業用水量增加；農業用水則逐年減少。農業用水佔總用水量百分比最多，其中包括灌溉用水、養殖用水及禽畜用水等，由於綠色革命帶來的高產能水田稻作，其配套是沃土良田、充分的水資源，使得大部分的水資源流向糧食作物。然而隨著產業結構的轉變，工業發展成為國家經濟的重心，大量的科學園區、高科技產業出現，使工業用水量陡增。

供應的不足、需求量不斷上升，使得水資源愈形匱乏，而變遷的氣候、遭破壞的山林生態系，以及用水結構，是台灣當前水資源問題的癥結。

以往台灣水資源開發政策，非但沒有真正解決水資源匱乏的問題，更造成了不可回復的生態破壞，流域居民也遭到許多社會經濟不公平的對待。對於此現象的反省，發展新的水資源和流域管理做法是必要的：建立上下游民眾間對流域規劃與管理的合作及參與機制，讓上游居民樂於維護乾淨的水源，而下游居民共同承擔水資源可持續發展的責任。

誠如監察院的專案調查報告指出，台灣目前的水資源問題在於分配不均、開發欠缺前瞻性、資源未能充分利用與負責管理的行政體系龐雜、權責不清。未來無論是在水庫、河川與地下水的開發，或是循環用水與海水淡化設備的建置，都有賴權責機關做出具有前瞻性的作為。

然而，在開發水資源的同時，我們亦不能忽略水土保持、汙染、優養、節約用水等相關管理水資源的議題，否則，即使我們做到了「開源」，無法「節流」亦屬枉然。

以影響國人生命安全、民生最劇的水土保持來說，監察院在專案調查報告中言明，目前台灣的山坡地超限利用嚴重，而主管機關對於破壞水土保持的違法案件，或因執法人員時遭威脅，或經移送司法機關偵辦未獲起訴與判決無罪，並沒有主動檢討會採取進一步改進措施，導致水土保育工作一直無法落實。也就是說，主管機關光是查辦違法的人，只是做到一半而已，後續的復育工作更是重要。

二〇〇七年初，嘉南水利會人員在勘查烏山頭水庫上游集水區時，發現大批樹齡超過六十年的柚木遭到盜伐，隨即向麻豆警方報案，七月間麻豆警分局移送十六名嫌犯，並將盜伐現場暫時保持原狀。

但是由於案件尚在偵辦中，依規定，為保留證據，現場仍不宜更動，嘉南水利會便擔心，這片林地處於水庫上游集水區，倘若不趕快種樹進行水土保持等各項復育工作，擔心裸露的地表遭雨水沖刷，破壞水土保持。

於是，幾個月過去了，林地仍然維持原狀，而颱風季節又將來臨，山下的居民又能奈何？

這只是眾多水庫上游集水區遭到「山老鼠」破壞的案例之一，監察院在專案調查報告中已經指出問題所在，但是，主管機關看到了嗎？

過去數十年來的人為破壞，已經讓台灣的土地喪失應變能力。未來氣候變遷帶來的衝擊，更是雪上加霜。面臨此一困境，我們已經沒有太多時間去規劃應變措施，更不能以得過且過的態度去處理這個問題。令人遺憾的是，直到目前為止，政府的態度仍是以維持高度經濟發展為優先，所有因應措施皆依此原則而設計。我們需要拋棄此一心態，積極規劃以改善環境與維護生態為終極目標的發展策略，同時投入更多的精力在環境保護相關的研究、教育與防治上，設法結合綠色科技與經濟，讓環保與適度而且必要的經濟發展形成雙贏的局面。

國家圖書館出版品預行編目資料

珍惜水藍星：真心善待水資源 / 周力強著. --
初版. --臺北市：商周編輯顧問，2007.12
面；　　公分

ISBN 978-986-7877-20-8（平裝）

1.水資源　2.能源節約

554.61　　96023838

珍惜水藍星——真心善待水資源

作　　者／周力強

著作權人／監察院

發 行 人／商周編輯顧問股份有限公司

出 版 者／商周編輯顧問股份有限公司

地　　址／台北市中山區民生東路二段141號7F

電　　話／02-2505-6789#5510

總 編 輯／孫碧卿

編輯總監／沈文慈

責任編輯／林淑媛

封面設計／李青滿

內文設計·印刷／鴻柏印刷事業股份有限公司

出版日期／2007年12月 初版一刷

定價350元